Carsten Schiefer

Kopfzerbrechen
12 rätselhafte Geschichten um eigentümliche Menschen

Autor

Carsten Schiefer ist auf dem Lande aufgewachsen, kann aber trotzdem nicht Trecker fahren. Nach der Schulzeit folgten Studienabschlüsse der Betriebswirtschaft in Hachenburg, Kunstgeschichte in Berlin und Kulturwissenschaft in London. Zwischenzeitlich hat er sein Brot als Banker, Unternehmensberater, Galerist und Weihnachtsmannimitat verdient, bis er in die Entwicklungszusammenarbeit geriet. Außerdem wohnte er in Scheeßel, Hamburg, São Paulo, New York und Mexiko-Stadt. Zurzeit ist er in Berlin Diplomat für eine internationale Institution. Er isst gerne Vollkornbrot, Schokolade sowie Rosenkohl mit Speck und glaubt weder an Reichsflugscheiben noch an herrschsüchtige Reptiloide noch an das fliegende Spaghettimonster.

Carsten Schiefer

Kopfzerbrechen

12 rätselhafte Geschichten um
eigentümliche Menschen

2 3 4 5 – 28 27 26 25

© Carsten Schiefer 2025

Verlag: BoD · Books on Demand GmbH, In de Tarpen 42, 22848 Norderstedt, bod@bod.de

Druck: Libri Plureos GmbH, Friedensallee 273, 22763 Hamburg

ISBN 978-3-7693-7852-8

Der Text wurde überwiegend aus der EB Garamond gesetzt, die Georg Duffner und Octavio Pardo mit weiteren Kollegen nach dem historischen Vorbild digital gestaltet und unter der Open Font License (scripts.sil.org/ofl) zur Verfügung gestellt haben.

Inhalt

Diese Sammlung von Rätselstorys soll doppelt Vergnügen bereiten – sowohl beim Lesen als auch beim Lösen. Nicht alle Antworten liegen auf der Hand. Manche erfordern mehrere Schritte. Da und dort wird Recherche von Nutzen sein. Alle erforderlichen Informationen sind online frei verfügbar. Man muss sie aber nicht nur finden, sondern vorher überhaupt als relevant identifizieren. So eine Geschichte kann auch einladen, mal einen Handlungsort aufzusuchen. Dann wünsche ich gute Reise.

Die Lösungen stehen natürlich zur Verfügung. Aber es lohnt sich, noch etwas hartnäckiger nach einem eigenen Lösungsweg zu suchen. Ist jemand mit einer Lösung nicht einverstanden? Ich bin gespannt auf die Gründe und die alternative Antwort.

Viel Spaß!

Zwei Ehrenmänner

Władysław Waszczykowski, ein erfahrener Kapitän, war ein großer Freund von Segelschiffen, vorzugsweise mit hölzernem Rumpf, und edlen Rössern (wenn er schon gezwungen war, sich an Land aufzuhalten). Ganz anders der drahtige Dubhaltach Ó Dhulchaointigh, der seinen bescheidenen Wohlstand einem eigenen Landmaschinenhandel in seiner Heimat verdankte. Seine Favoriten waren der Schienenstrang, das Stahlross und das Automobil. Auf der Suche nach neuen Lieferanten bereiste er den Kontinent und war im Begriff, vom Nordwestbahnhof nach Berlin abzureisen. Kapitän Waszczykowski war widerwillig wegen wichtiger Erbschaftsangelegenheiten zu Lande auf Reisen. Da nicht einmal die Binnenschifffahrt eine angemessene Verbindung bereitstellte, nahm auch er notgedrungen die Bahn. So kam es, dass sich Władysław Waszczykowskis und Dubhaltach Ó Dhulchaointighs Wege im Restaurant des Nordwestbahnhofs kreuzten und sie über Grießnockerlsuppe, Wurzelfleisch mit Schlutzkrapfen und Kaiserschmarrn ins Gespräch kamen. Unausweichlich steuerte es nach einiger Zeit auf die Vorzüge wie Nachteile von Fahrrad und Reitpferd zu.

„Fahrräder haben keine Seele. Immer sind die Reifen platt. Irgendwelche Schrauben lösen sich, es klappert, es quietscht", begründete Waszczykowski seine Ablehnung. „Ach was, bei guter Pflege hält das Rad ewig“, entgegnete Ó Dhulchaointigh. „Ganz anders die Klepper. Sie sind bockig, brauchen Pausen, verlangen Heu und Hafer. Sie kosten sogar dann Geld, wenn sie nur im Stall stehen. Die Lebenszeit ist arg begrenzt, und zwischendurch kassiert der Tierarzt.“ Von Waszczykowskis sich verdüsternder Miene unbeeindruckt, resümierte er: „Das Pferd ist für Leute von gestern. Fahrrad, Automobil und Eisenbahn sind die Zukunft!“ Endlich mal unverblümt aussprechen, was er sich bei den Verkaufsgesprächen auf seiner heimischen Grünen Insel immer verkneifen musste! Das konnte der Kapitän nicht auf sich sitzen lassen. Weil ihm nicht in den Sinn kam, wie er sinnvoll hölzerne Segelschiffe ins Spiel bringen könnte, verlegte er sich auf die Verteidigung des Pferdes, das „sich schon seit Jahrtausenden in Krieg und Frieden bewährt hat.“ Erwachsene Männer, die auf einem Fahrrad strampeln würden, setzten sich unweigerlich der Lächerlichkeit aus. Das wiederum konnte Ó Dhulchaointigh nicht auf sich sitzen lassen.

Beim Spaziergang in Bahnhofsnähe, im Augarten, erreichte der Starrsinn seinen Höhepunkt. Es mag sein, dass das eine oder andere Glas Enzian- und Marillenbrand nicht nur die Verdauung förderte, sondern auch den Eifer der beiden Gesprächspartner befeuerte. Jedenfalls kam eine wahrhafte Schnapsidee auf. Einen Wettstreit wollten sie durchführen. Im kommenden Frühling wollten sie mit Pferd und Fahrrad im Langstreckenrennen gegeneinander antreten. „An genau dieser Stelle soll es losgehen“, legten sie gemeinsam fest. Sodann schritten sie zurück in die Bahnhofshalle, verabschiedeten sich und begaben sich zu ihren Bahnsteigen.

Die Ehrhaftigkeit wahrhafter Ehrenmänner gestattete beiden nicht, nach ihrer Ernüchterung einen Rückzieher zu machen. Vielmehr vereinbarten sie mittels reger Korrespondenz in den folgenden Monaten die Wettbewerbsbedingungen. Am 15. Mai um 12:00 Uhr Ortszeit sollte der Wettstreit starten. Władysław Waszczykowski hoch zu Rosse und Dubhaltach Ó Dhulchaointigh auf dem Fahrrad würden zu einem Ziel in genau 300 Meilen Luftlinie Entfernung aufbrechen. Sieger wäre, wer zuerst ankommt. Ab Erreichen des Ziels würde der Sieger den Verlierer jeden Tag um 12:00 Uhr am Portal der dem Ziel nächstgelegenen Kirche erwarten. Würde einer der Kontrahenten nicht bis zum 31. Mai eintreffen, sähe man sich am 15. Juni um 12:00 Uhr Ortszeit im Bahnhofsrestaurant der ersten gemeinsamen Begegnung wieder. Außer für die Überquerung von Gewässern dürfte kein anderes Verkehrsmittel benutzt werden als das selbstgewählte Pferd oder Fahrrad; diese dürften auch nicht ausgetauscht werden. Beide würden ohne Begleitung reisen. Als besonderes Überraschungsmoment würde die Richtung des Ziels erst im Moment der Abfahrt festgelegt werden. Beide Kontrahenten brächten jeweils einen Vorschlag im verschlossenen Umschlag mit; der Zufall würde bestimmen, welcher der beiden Vorschläge zum Zuge käme. Als Ehrenmänner würden sie keine Dritten als Schiedsrichter oder Kontrolleure benötigen.

Zuversichtlich, dem jeweils anderen als Ehrenmann vertrauen zu können, reisten beide einige Tage vor dem Start des Rennens an, um sich zu organisieren und vor den kommenden Anstrengungen Kraft zu sammeln. Taschen, Gerten, Kompasse, Werkzeug wurden geprüft und angepasst, Vorräte erworben, Ersatzteile verstaut, Leder- und Kettenöl aufgefrischt, Sextanten poliert. Zur verabredeten Zeit grüßten sich die Kontrahenten mit festem Händedruck und schritten zügig zur Auslosung. Władysław Waszczykowski seufzte erleichtert, als die Münze den Kopf zeigte, sodass er bestimmen durfte: „Richtung 34,61°" stand auf dem Blatt in seinem Umschlag. Dubhaltach Ó Dhulchaointigh bedauerte das; er hatte wärmere Gefilde als Ziel vorgesehen. Aber er war ein Ehrenmann und akzeptierte klaglos, dass er sich baldmöglichst 300 Meilen entfernt Richtung 34,61° einzufinden hatte. Zu beider Betrübnis waren die Korrespondenten der internationalen Presse ebenso wenig wie jene der Lokalzeitungen der Einladung zum Start des epochalen Wettrennens gefolgt. Niemand interessierte sich für Landmaschinenhändler Ó Dhulchaointighs und Kapitän Waszczykowskis aus der Zeit gefallenes Vorhaben.

Mit festem Ehrenmännerhändedruck verabschiedeten sie sich alsdann und schwangen sich in ihre recht unterschiedlichen Sättel – der eine festgezurrt auf dem Rücken eines stattlichen Apfelschimmels, der andere mit einem sportlichen Opel fest verschraubt.

Anstrengend war die Reise für beide, doch Kapitän Waszczykowski war klar im Vorteil. Er hatte sich voller Hoffnung auf Losglück auf die Tour vorbereitet und führte detailliertes Kartenmaterial mit sich.

Über die Strapazen des Weges, die Wetterunbilden und die mühselige Überwindung von Hindernissen der Natur und der Zivilisation wird hier nicht berichtet, denn im Vergleich zur Hitze des späteren Disputs blieben sie ganz unbedeutend. Jedenfalls saß Kapitän Waszczykowski am späten Vormittag des 22. Mai in einem Café am Warschauer Alten Markt und nippte entspannt an Tee und Wodka. Zur Mittagsstunde schaute er zur Kathedrale und sicherheitshalber auch mal zur nahen Martinskirche. Wer nicht kam, ganz der Erwartungshaltung des selbstzufriedenen Kapitäns entsprechend, war Landmaschinenhändler Ó Dhulchaointigh. Kapitän Waszczykowski sah damit die Überlegenheit des bewährten Pferdes gegenüber dem neumodischen Fahrrad als erwiesen an, zumal sein Konkurrent sich an keinem Tag bis zum 31. Mai blicken ließ. Selbstverständlich hatte der ehrenhafte Kapitän sich an die Vereinbarung gehalten und hoffte in Wirklichkeit sehr darauf, den nicht minder ehrenhaften Landmaschinenhändler zu einem Mittagessen einladen zu können, um seinen Triumph gehörig auszukosten.

Dem armen Dubhaltach Ó Dhulchaointigh ging es schlechter. Am Abend des 21. Mai fand er sich in einem Wäldchen bei Cielądz ein. Auf dem letzten Abschnitt musste er sein Rad schieben. Lauthals verfluchte er Kapitän Waszczykowskis ungünstige Zielauswahl, jeden einzelnen Baum, den Heiligen Geist und alle Heiligen, die diesen blöden Wettkampf zugelassen hatten. An jedem der folgenden zehn Tage fluchte er mehr. Aber immerhin: Selbstverständlich wartete er stets zur Mittagszeit vor der Dreifaltigkeitskirche auf Kapitän Waszczykowski. Dessen Abwesenheit und seine eigene Anwesenheit hatte die ohnehin außer Zweifel stehende Überlegenheit des zeitgemäßen Fahrrads über das antiquierte Pferd bewiesen. Bald wurde er zum Dorfgespräch. Selbst konnte er an diesem nicht teilhaben, sprach doch in dem Dörfchen niemand Gälisch, Englisch oder Französisch. Mithilfe eines unterwegs glücklich ergatterten Wörterbuchs in Cielądz ein Quartier zu bekommen, war schon schwierig genug gewesen. Und es war zum Verzweifeln: so offensichtlicher Bedarf nach modernen Landmaschinen, und er konnte keine Verkaufsgespräche führen! In der sonntäglichen Messe fühlte er sich nicht willkommen. An der heiligen Kommunion konnte er auch nicht teilhaben, denn ohne Sprachkenntnisse keine Beichte, ohne Beichte keine Absolution, ohne Absolution unter der Last seiner schweren Sünden keine Kommunion.

Seine Unterkunft war mehr als bescheiden, die Verpflegung einfach und eintönig. Ohne Literatur und Gesprächspartner plagte ihn die Langeweile arg. Whiskey gab es auch nicht. Etwa zweimal täglich überprüfte er mit Kompass, Karte, Lineal und Zirkel, ob er sich auch wirklich nicht im Ziel geirrt hatte. Hatte er nicht. Umso intensiver malte er sich aus, wie er seinen Triumph über Kapitän Waszczykowski auskosten würde. Dass dieser als Ehrenmann zur vereinbarten Stunde im Bahnhofsrestaurant erscheinen würde, um seine Niederlage einzugestehen und ihn zu beglückwünschen, bezweifelte Landmaschinenhändler Ó Dhulchaointigh jedenfalls kaum. Am 31. Mai um 12:01 Uhr radelte er von hinnen, ohne sich noch einmal nach der Dreifaltigkeitskirche von Cielądz umzublicken.

Am 15. Juni wollte der Zufall, dass Landmaschinenhändler Ó Dhulchaointigh und Kapitän Waszczykowski sogar am selben Tisch Platz nahmen wie bei ihrer ersten Begegnung. In beiden Gesichtern spiegelte sich ein ausgeprägtes selbstzufriedenes Überlegenheitsgefühl. Beide genossen die Vorfreude auf die Selbsterniedungrigung des unterlegenen Gegners und wollten daher das große Thema gar nicht recht selbst anschneiden. So plauderten sie bis zum Nachtisch angestrengt um den heißen Brei herum, bis Kapitän Waszczykowski beiläufig bemerkte „So ein armer Kerl, nicht wahr?", während er mit dem Zeigefinger auf einen Arbeiter wies, der sichtlich schlecht gelaunt ein Fahrrad mit plattem Reifen am Fenster vorbeischob. „Nun", entgegnete Ó Dhulchaointigh, der unter größter Selbstbeherrschung eine halbwegs gleichmütig klingende Stimme beibehielt, „immerhin kann er den Reifen wechseln, was bei einem gebrochenen Pferdebein nicht geht. War das eigentlich der Grund, weshalb Sie nicht zu unserem Ziel gekommen sind?" „Sie müssen sich irren, lieber Ó Dhulchaointigh, habe ich doch zehn Tage auf Sie und ihr Gestell mit zwei Rädern gewartet", gab Waszczykowski süffisant zurück. „Schade, gerne hätte ich Ihnen meine schöne Hauptstadt gezeigt." Da konnte der Landmaschinenhändler sich nicht mehr halten. Die Frustration über die vergeudeten Tage in der Provinz, die er allein Waszczykowski verdankte, verwandelte sich in helle Wut, die sich in aller verbalen Heftigkeit Bahn brach. Der Kapitän, verärgert über seines Gegenübers Starrsinn, hielt mit seiner Meinung über dessen Ehrlosigkeit auch nicht weiter zurück. Ein zorniges Wort gab das andere.

Weil sie doch so ausgeprägte Ehrenmänner waren, gab es nur eine Lösung für ihren Konflikt. Wenige Tage darauf erschien in den Lokalnachrichten ein Dreizeiler über einen bei einem Duell im Augarten getöteten Ausländer. So fand das Wettrennen zwischen Landmaschinenhändler Dubhaltach Ó Dhulchaointigh und Kapitän Władysław Waszczykowski indirekt doch noch seinen Weg in die Presse. Weder das Opfer noch der hastig – keineswegs zu Pferde oder Fahrrad – aufgebrochene Überlebende hätten sich aber darüber freuen können, hätten sie von der Meldung Notiz genommen.

Tragisch, was ein antiquierter Ehrenkodex anrichten kann. Nun waren ja beide Kontrahenten so aufrichtige Ehrenmänner, dass Lug und Trug ganz ausgeschlossen sind. Worauf basierten dann die unterschiedlichen Auslegungen darüber, wer den Wettbewerb gewonnen hatte, und wer war im Recht?

Lösung: S. 85

Die Genossenschaft

Oprawdana Nadeschda ist Geschichte, fast vollständig vergessene Geschichte. Einige Ruinen stehen noch, doch niemand sucht sie je auf. Ihnen wird kein historischer oder archäologischer Wert beigemessen. Nachdem Anfang der 1990er-Jahre alle Bewohner den Ort verlassen hatten, überwucherte sehr schnell der Feldweg, der Oprawdana Nadeschda mit Kruschew dol und Tschepinzi verband, und ist nicht mehr auszumachen. Schon in den paar Jahrzehnten seiner Existenz hatte kaum jemand den Weiler wahrgenommen. Für eine Markierung auf einer Landkarte hatte es bereits damals nicht gereicht. Besonders wenig interessierten sich die Fernsehmacher und die Fernsehauswerterin für ihn, die sich beruflich damit befassen mussten.

Sommer 1966, Botschaft des Vereinigten Königreichs in Sofia: Phoebe Rawnsley war frustriert. Das war sie trotz des vorzüglichen Klimas schon lange. Sie fühlte sich zurecht deutlich unterfordert. Ihr IQ lag bei 138. Ihr Studium der Slawistik und der jüngeren Geschichte Südosteuropas in Oxford hatte sie vor drei Jahren mit Auszeichnung bestanden. Vom Secret Intelligence Service – in der Öffentlichkeit meistens als MI6 bezeichnet – angeworben zu werden, hatte sie mit Stolz erfüllt. Pech für sie, dass der vorgesetzte Colonel sich den Entscheidungen der Hausleitung zum Einsatz von Frauen nur widerwilligst und im niedrigstmöglichen Ausmaß fügte. Er wollte sie allenfalls für Lockvogeleinsätze akzeptieren. Er hätte sich selbst sehr gerne, selbstverständlich nur zum Schein, intensiv auf einen Lockvogel des bulgarischen Komitees für Staatssicherheit eingelassen. Leider kam aber keiner. Da er nun Phoebe unbedingt beschäftigen musste, setzte er sie als Fernsehauswerterin ein. Das hieß, sie hatte sich im Wechsel mit einem Kollegen alle bulgarischen Fernsehsendungen mit Ausnahme ausländischer Spielfilme und des Kinderprogramms anzuschauen und auf nachrichtendienstliche Relevanz zu analysieren. Meistens trug sie im entsprechenden Feld des Auswertungsbogens nur ein Kürzel ein: N/A. Nachdem sie heute die Anmoderation zur Reihe „Bauern und Gesellschaft" hörte – es sollte um die Vertreibung von Bulgaren durch nationalistische griechische und türkische Verbände im Jahr 1913 und die Neuansiedlung in Bulgarien nahe der griechischen Grenze in einem neuen Dorf samt dessen weiterer Entwicklung gehen – notierte sie: „Vorgeblich historisch legitimierte Propaganda gegen NATO-Partner". Damit, fand sie, hatte sie ihren Auftrag hinreichend erfüllt, und hörte nur noch mit halbem Ohr zu.

Pawel Sawtschew und Bogumil Genadiew, Regisseur und Kameramann der Reportage, waren seit Beginn von Eigenproduktionen des Bulgarischen Nationalen Fernsehens ein eingespieltes Team. Sie empfanden den kurzfristigen Auftrag im Frühjahr 1966 als Strafmaßnahme. Damit lagen sie ganz richtig. Eine Dokumentation anlässlich des 50. Jahrestags der ersten Maisaussaat in Oprawdana Nadeschda! Im Vorjahr hatten sie einen Beitrag über den Absolventenjahrgang des Geschichtsstudiums an der Universität von Sofia gedreht. Die Studentin, deren Kopf zufällig so unvorteilhaft im Schatten gezeigt wurde und daher neben den Häuptern ihrer Kommilitonen unterging, hieß Ljudmila Schiwkowa. Ausgerechnet die Tochter des Genossen Generalsekretärs! Pawel und Bogumil wussten nicht recht zu schätzen, dass sie nur für einen Dreh statt für eine mehrjährige Bewährung in der Produktion zur Landwirtschaftsgenossenschaft Oprawdana Nadeschda geschickt wurden.

Es entging Phoebe, wie der Vorsitzende der Genossenschaft, Petko Barbulow, bei der händischen Maisaussaat aus seiner Lebensgeschichte erzählte. „Als ich noch ein kleiner Junge war, musste meine Familie mit mir vor den griechisch-türkischen Aggressoren aus Thrakien fliehen. Wir haben 1913 auf der Scholle unserer geliebten bulgarischen Nation Aufnahme gefunden. Als Kind musste ich schon hart arbeiten. Nach zwei Jahren wurde den Familien, deren Nachfahren heute die Genossenschaft bilden, der Boden um Oprawdana Nadeschda zur Urbarmachung zugewiesen. 1916 hat meine Familie erstmals Mais gesät." Großaufnahme der schwieligen Hand des nun 60-Jährigen und Schnitt. Überhaupt kamen in Petkos Erinnerungen viele Schnitte vor. „Nach jahrzehntelangem Schuften kam wieder Krieg. Da mussten wir erstmal unser Land verteidigen und von ausländischen Interventen wie einheimischen Kollaborateuren befreien. Und nach dem Krieg waren wir aufgerufen, zusätzlich zur Arbeit gegen die britischen Aggressoren auf der Hut zu sein, so nah an der Grenze zu Griechenland." Phoebe war so abwesend, dass sie es versäumte, ihren Auswertungsbogen weiter zu befüllen.

Daran erinnert, dass besonders die Gegenwart und die Zukunft im Mittelpunkt stehen sollten, ging Petko zum Genossenschaftswesen über. „Die gewissermaßen zweite Gründung Oprawdana Nadeschdas erfolgte 1951 am 9.04. durch den Zusammenschluss aller Gehöfte zur Genossenschaft, die uns allen ungeahnten Wohlstand brachte, also dem Datum, unter dem Ziffer für Ziffer und Punkt für Punkt genauso die erste Maisaussaat im Ort 35 Jahre zuvor beurkundet wurde!" Großaufnahme beider mit Mais gefüllter Hände des Genossenschaftsvorsitzenden unter Einschluss der Armbanduhr am Handgelenk. „Wir sind alle, Jung und Alt, der Partei unter Leitung der Genossen Dimitroff und jetzt Schiwkow zutiefst dankbar für die Bereicherung unseres Lebens durch die Schaffung von Genossenschaften. Sogar ein Kulturhaus haben wir seither in Oprawdana Nadeschda! Wir genießen jetzt die Früchte unserer Hände Arbeit und der ununterbrochenen Sorge der Kommunistischen Partei unter der Leitung des Genossen Schiwkow um das Wohl der werktätigen Bevölkerung. Nimmer hätten wir uns vor dem Krieg vorstellen können, jemals in so wunderbaren Verhältnissen zu leben, mit Schule und Krankenstation nur wenige Stunden Fußweg entfernt, und ganz kostenlos!"

Die Kamera schwenkte auf die in eine makellos saubere, glatt gebügelte Tracht gekleidete 14-jährige Elka Ignatowa und zeigte sie bei der Aussaat von Mais. Ganz spontan sprach sie strahlenden Auges mit wohlgesetzten Worten in die Kamera: „Und für uns Mädchen stehen jetzt wirklich alle Möglichkeiten offen. Nach dem Sommer kann ich sogar auf die Hauswirtschaftsschule in die

Stadt gehen, und vielleicht qualifiziere ich mich dann bis zur Schneiderin oder Köchin.“

Phoebe erwachte wieder aus ihrem Dämmer und lauschte dann den Worten des Kreisparteisekretärs Iwan Pamukow über die Erfolge in der Maiszucht, die Steigerungen der Ernteerträge seit Einführung der agrarischen Rabotnitschesko-Delo-Lesezirkel und die beabsichtigte Diversifizierung der Genossenschaften im Kreis mit verschiedenen Kohl- und Getreidesorten, die von den wertvollen Anregungen der Genossen Dimitroff und Schiwkow inspiriert war. Die Diversifizierung folgte der Parteilinie zum Ausbau der Mechanisierung in der Landwirtschaft und würde einen weiteren unschätzbaren Beitrag zur verbesserten Versorgung der städtischen und ländlichen Bevölkerung in der sozialistischen Volksrepublik Bulgarien leisten. Phoebe zog kurz in Betracht, dem Landwirtschaftsattaché seine unverhohlenen Blicke in ihren Ausschnitt neulich heimzuzahlen, indem sie ihn mit Durchschlag an den Botschafter um eine fachliche Stellungnahme zu Pamukows Ausführungen bat.

Manches, in Wirklichkeit sogar Vieles, hatten Pawel und Bogumil nicht gezeigt. Darunter waren die Unterbrechungen in Petkos Ausführungen, als er durch Pawel oder den die Aufnahmen eng begleitenden Iwan Pamukow daran erinnert wurde, dass

- es nicht mehr notwendig wäre, dem Generalissimus Stalin und dem roten Wolf Tscherwenkow zu danken,
- es sich um griechisch-türkische Aggressoren handelte, nicht um muslimisch-jüdische Verschwörer,

- „die Aufnahme auf der Scholle unserer geliebten
  bulgarischen Nation" besser klänge als „die
  Aufnahme unter die Fittiche unseres geliebten
  Zaren Ferdinand",
- seine für den Dreh umgelegte Armbanduhr zwar
  einen hübschen Akzent setzte, doch das silbern
  blinkende orthodoxe Kreuz an seiner Halskette
  aus filmtechnischen Gründen zu stark
  reflektierte.

Den wenigen Fernsehzuschauern blieb noch mehr verborgen. Dazu gehörte beispielsweise,

- wie Pawels und Bogumils Gesichtszüge bei der
  Feststellung entgleisten, dass Dorf und
  Genossenschaft Oprawdana Nadeschda
  identisch waren und aus nur fünf Familien
  bestanden,
- dass der Kleintransporter von Pawel und
  Bogumil auf dem Feldweg steckengeblieben war
  und das Equipment in einem Pferdekarren ins
  Dorf gebracht werden musste,
- dass dies auch an dem acht Monate nach der
  Bestellung immer noch nicht gelieferten
  Ersatzreifen für den Traktor der Genossenschaft
  lag,
- dass das Kulturhaus das ehemalige Wohnhaus
  des einzigen nicht kollektivierungswilligen
  Bauern von Oprawdana Nadeschda war, dem
  nach seiner beharrlichen, in deftigen Worten
  ausgedrückten Verweigerung des Beitritts zur
  Genossenschaft nicht näher bekannte
  anderweitige Entfaltungsmöglichkeiten auf
  Belene gegeben wurden,

- dass jenes Kulturhaus keinem anderen Zweck als dem allabendlichen gemeinsamen Besäufnis der Männer diente,

- dass das tatsächlich verwendete Saatgut bei Weitem nicht so groß und prall war wie die vom Staatsfernsehen speziell für die Filmaufnahmen aus dem westlichen Ausland importierten Maiskörner (sein Gelb war auch blasser, aber das wäre im Schwarz-Weiß-Fernsehen nicht aufgefallen),

- dass die meisten im Film gezeigten Gebäude und landwirtschaftlichen Geräte einschließlich des Mähdreschers gar nicht aus Oprawdana Nadeschda stammten, sondern aus sowjetischem Archivmaterial, weil die vor Ort aufgefundene Bausubstanz und Ausstattung nicht präsentabel waren.

Pawel und Bogumil wurden jedenfalls dank ihres Beitrags voll rehabilitiert. Sie hatten alle Beteiligten ideologisch wie auch beleuchtungstechnisch ins rechte Licht gerückt. Zwei Jahre nach der Ausstrahlung der Dokumentation wurden sie durch eine elfmonatige Entsendung in die sowjetische Hauptstadt zu Mosfilm geadelt, um dort als Hospitanten ihre Fertigkeiten zu vertiefen. Bei einer Gelegenheit konnten sie Andrej Tarkowski persönlich die Hand drücken.

Phoebe verließ im Jahr nach dem verdösten Fernsehabend den SIS und kehrte in die Heimat zurück. 1970 wurde sie mit einer Arbeit über kommunistische Herrschaftspropaganda im bewegten Bild promoviert. In der Folge veröffentlichte sie zahlreiche Aufsätze, die noch weniger Rezeption fanden als Pawels und Bogumils Dokumentation über Oprawdana Nadeschda. Als ihr Thema akademisch erschöpft war und sie es nicht auf einen Lehrstuhl geschafft hatte, verdingte sie sich als freiberufliche Übersetzerin und begann, sich nach der Arbeit als Fernsehauswerterin zurückzusehnen.

Pawel, Bogumil und Phoebe hatten, zumindest hinsichtlich Oprawdana Nadeschdas, Bullshit Jobs avant la lettre. Ein Teil der Lesarten des Zeitgeschehens ist offensichtlich dem politischen und geschichtlichen Kontext des Kalten Krieges geschuldet. Was ist in dieser Darstellung oder dem Fernsehbeitrag ungeachtet aller historisch bedingten Wertungen und ideologisch geprägten Auslegungen sachlich falsch?

Lösung: S. 87

Autoradio

Ein Bestandteil der Prüfungsaufgaben, um Einlass in die renommierte Journalistenschule zu finden, war ein fiktiver Beitrag mit freiem Bezug zu einem vergangenen realen Sportereignis. Raffaella sah gerade den Versuch der 24. Kandidatin durch. Obwohl leidgeprüft, rollte sie bei dem vorliegenden Text resigniert mit den Augen.

Das Land drängte sich vor Radios und Fernsehern. Deshalb war die Landstraße frei. Gunnar genoss dann die Gelegenheit, seinen neuen Amazon auszufahren, ohne sich um Geschwindigkeits¬beschrän¬kungen zu scheren. Und er war begeistert, dass die stets verbesserte Röhrentechnologie ihm erlaubte, selbst im Auto Radio zu hören. Dann fühlte er wieder: Die Anschaffung hatte sich gelohnt!

„Tooor! Ein schnelles Tor durch Liedholm, in der vierten Minute liegen wir hier in Solna vorne!", schallte es aus dem Gerät. Beschwingt drückte Gunnar das Gaspedal ein bisschen tiefer, um dann im 3. Gang alles aus den 60 Pferdestärken rauszuholen. Wie schön, dass die Straßen so gut ausgebaut worden waren. Dann war die Spritztour doch eine Freude. Dass dann nur fünf Minuten später Vavá den Ausgleich erzielte, ließ Gunnar unberührt. Ein kleiner Patzer, den würde Gelb-Blau dann ganz schnell wieder ausbügeln. Auf der fast leeren Straße tauchte vor ihm ein PV444 auf. Souverän schwenkte Gunnar zum Überholen auf die freie Gegenfahrbahn, um dann gleich danach souverän in einem sanften Bogen – gleich der unteren Rückenpartie von Marilyn Monroe – nach rechts zurück auf seine Spur einzuschwenken. Dem Buckelvolvo hinter ihm widmete er dann noch einen verächtlich-mitleidigen Blick durch den Rückspiegel. Dann lauschte er weiter konzentriert dem Röhrenautoradio.

Auch als Vavá dann noch einmal traf und Guigues Pfeife mit der Schrillheit eines unter Hochdruck stehenden Dampfkessels durchs Stadion gellte, blieb Gunnar zuversichtlich, dass seine Elf das schon wieder aufholen würde. In der Halbzeit tankte er voll und fachsimpelte mit dem Tankwart über die Partie. Da waren sie sich einig. Mit vollem Tank und noch zwei Reservekanistern im Fond fuhr er dann wieder los und genoss die Landstraße wie zuvor. Als aber zehn Minuten nach dem Wiederanpfiff Gelb-Blau dann schon zwei Tore zurücklag, trübte sich seine Laune aber. Vor allem nahm er es krumm, dass der Reporter den jungen Torschützen für die Kunstfertigkeit seines Volleyschusses dann auch noch lobte!

Er würde das Endergebnis der Partie nicht mehr mitkriegen. Als dann nämlich der Gegner das vierte Tor erzielte, regte ihn das dermaßen auf, dass seine eigene Mannschaft im eigenen Land, über dessen Asphaltmagistralen er gerade sauste, am Abkacken war, dass er die Kontrolle über sein Fahrzeug verlor. Er kam dann bei voller Geschwindigkeit von der Straße ab, der Amazon überschlug sich und ging in verheerende Flammen auf, in denen Gunnar dann auch umkam. Die zum Himmel lodernden Flammen waren wie ein nukleares Menetekel für die wenig später besiegelte Niederlage der Mannschaft, der Gunnars letzte Gedanken gegolten hatten.

Raffaella sah davon ab, eine schonungslos ehrliche Stellungnahme zum vorliegenden Versuch unter Verwendung von Formulierungen wie „nicht einmal schülerzeitungstauglich" und „Zukunft in der Medienbranche allenfalls als Zeitungszustellerin" zu schreiben. Sie übte nur kurz Kritik an Wiederholungen, Schachtelsätzen, uneinheitlichem Sprachniveau, unpassenden Metaphern und Klischees. Die durchaus Sportinteressierte überlegte, ob sie der Absage außerdem einen Hinweis auf einen sachlichen Fehler und das Erfordernis sorgfältiger Recherche beifügen sollte. Sie entschied sich dagegen, legte stattdessen den Text anonymisiert im schulinternen virtuellen Ordner /Schreibversuche_from_hell ab und trank eine Tasse Kräutertee.

Der leidgeprüften Raffaella Stilkritik wollen wir hier weder wiederholen noch erweitern. Auch wenn wir uns im Sinne der deutschsprachigen Medienlandschaft freuen können, dass es geeignetere Kandidaten für die Schule gab, bewegt uns ein anderes Motiv. Auf welchen sachlichen Fehler hätte Raffaella hingewiesen? Jedenfalls ging es ihr nicht um Zeitangaben.

Lösung: S. 89

Ein flexibler Wirt

Während Tochter Auguste mit Scheuersand am Herd zugange war, schimpfte Dietrich auf seine Söhne ein. Die trugen nun überhaupt keine Schuld am väterlichen Missmut, wie Dietrich im Grunde auch wusste. Aber sie waren gerade im Raum. Wilhelm, Friedrich und Otto kannten die knurrigen Anfälle des Herrn Papa schon von anderen Gelegenheiten und ließen sich ihre Laune nicht vermiesen. Dietrich fühlte sich vom Gericht schlecht behandelt. Wie kam es wohl dazu?

Zum Teutschen Horst zu Cöpenick war ein patriotisches Bierlokal, das den Stammtisch von Dietrich und seinem *Cöpenicker Herrenverein zur Bekämpfung der Sozialdemokratie* beherbergte, einschließlich Kaiserbüste und Reichsfahne. Der Vereinsname hatte in Wirklichkeit einzig die Funktion, das Zusammentreffen der Stammtischbrüder durch ein ehrenhaft klingendes Banner aufzuwerten. Viel mehr regelmäßige Gäste sah der *Horst* nicht. An diesem Sonnabend war es jedoch so hoch hergegangen wie nur noch selten in den letzten Jahren. Schließlich war ein besonderes Jubiläum zu begehen: Wenige Tage zuvor hatte sich zum 50. Male die Ernennung des späteren Eisernen Kanzlers zum preußischen Ministerpräsidenten gejährt. Das musste gefeiert werden. Trinkspruch folgte auf Trinkspruch. Auf jeden Trinkspruch folgte eine Molle. Und nach einigen Mollen hielt Dietrich eine, wie er glaubte, flammende Rede auf sein Idol und lud zu einer Lokalrunde ein, damit jeder auf es anstoßen würde. Die meisten im Saal verstanden wenig von seinem vaterländischen Gelalle, aber Lokalrunde war doch ein vertrautes wie verheißungsvolles Wort, das gerne aufgenommen wurde. Es blieb nicht bei einer.

Zu sehr fortgeschrittener Stunde leerte sich der *Horst*, während einige Gäste auf ihren Tisch niedergesunken waren. Das war jeden Sonnabend so. Nur der Wirt Günther war stocknüchtern. Darum konnte er Dietrich auch auf Anhieb sagen, wieviel dieser ihm schuldete. Es waren „genau 44,50 Mark, einschließlich deiner Deckel seit August." Oha, das war mehr, als Dietrich bei sich trug! 20 Mk schob er Günther unter Hermanns aufmerksamen Blick über den Tresen. Hermann war sein liebster Stammtischbruder. Den Rest sollte Günni ihm doch anschreiben. „Hat sich was mit ‚Günni'! Spätestens Ende nächster Woche hast du bezahlt, verstanden? VERSTANDEN?" Dietrich nickte stumm und trollte sich. Den Heimweg fand er trotz seines Zustandes noch. Am nächsten Sonnabend musste Günther ihn an seine unbezahlten Deckel erinnern. Überzeugt war Dietrich erst, als Hermann ihm bestätigte, was der Wirt forderte. Überraschend war Günthers Schroffheit aber doch. Früher war er nicht so. Dietrich genoss diesen Stammtisch nicht so sehr wie sonst, obwohl seine Stammtischbrüder ihn heute freihielten.

Dietrich war meistens ehrlich und daher auch in diesem Falle willens, seine Schulden zu begleichen. Sie waren ihm etwas peinlich. Am 6. Oktober nachmittags zertrümmerte er sein geliebtes, mit schwarz-weiß-roter

Fahne und Porträts des kaiserlichen Paares handbemaltes Sparschwein, in dem er gelegentlich anfallende Münzen versenkt hatte. Als Auguste und Otto auf den Lärm hin in die Stube kamen und neugierig guckten, wurden sie unwirsch wieder hinausgeschickt. Er zählte den offenen Betrag genau ab und steckte ihn in die Tasche. Dann ging er bei Hermann vorbei, weil er nicht alleine in den *Horst* wollte. Kurz nachdem Günther den *Horst* geöffnet hatte, standen sie gemeinsam am Tresen. Dietrich zählte seinem Wirt das Geld vor. Fünf Münzen à 3 Mk, drei Münzen à 2 Mk, drei Münzen à 1 Mk und noch eine à 50 Pfennig. Günther, statt den Betrag einzustreichen, warf nur einen kurzen Blick darauf und ließ ihn auf dem Tresen liegen, schaute Dietrich blasiert an und blaffte, sich bereits abwendend: „Den Mist will ich nun wirklich nicht sehen." Damit ließ er die verblüfften Hermann und Dietrich stehen. Die warteten noch einige Minuten. Dann nahmen sie die Münzen wieder an sich und gingen. Bis auf Weiteres wurde das Thema nicht mehr angeschnitten.

Das war die Vorgeschichte zu Dietrichs Missmut. „Und die Anwalts- und Gerichtskosten!", schnaubte er seine Söhne an. Die kannten die Geschichte schon und wussten, was als nächstes kommen würde. Richtig: „Diesem Anwalt habe ich doch gesagt, dass ich alles passend auf den Tresen gelegt hatte. Und dem Richter auch. Und Hermann hat das im Gericht alles bestätigt, genau wie es war! Da hat der Anwalt so ein tolles Wort rausgezaubert und vor Gericht wiederholt. Annahmeverzug. Das sollte heißen, Günther hat schon selber schuld, wenn er mein Geld nicht nimmt. *An-Nah-Me-Ver-Zug!*" Dieses Gerichtsverfahren war atypisch. Das

Atypische war, dass keine der Prozessparteien log und auch Hermann als Zeuge sich genau an die Wahrheit hielt. Der Richter ließ keinen Zweifel daran, dass er von Günthers Klage wenig hielt, gab ihr aber ganz korrekt dennoch statt. Dietrich musste zahlen. Seinen Anwalt, Günthers Anwalt, die Gerichtskosten. Und natürlich die offen gebliebene Zeche, die nur noch einen kleinen Teil des gesamten Betrags ausmachte. Zuzüglich Verzugszinsen. *„An-Nah-Me-Ver-Zug!"*, hallte es noch einmal durch die Stube. „Und das schöne Sparschwein ganz umsonst zerschlagen! Wenn das der Kaiser wüsste!"

Gleich nach der amtlichen Zustellung der Klageschrift war Dietrich zu Hermann und dieser zornesrot in den *Horst* gelaufen, um Günther anzubrüllen, dass der *Cöpenicker Herrenverein zur Bekämpfung der Sozialdemokratie* sich sofort einen anderen Ort für die sonnabendlichen Vereinsversammlungen suchen würde. Und überhaupt würden patriotische Kräfte den *Horst* jetzt meiden. Und Günther würde in Wirklichkeit bestimmt Mordechai Itzhak David oder so ähnlich heißen. Stolz auf seine gelungene, scharfe Pointe – wie er überzeugt war – und seine patriotische Geradlinigkeit stolzierte er aus dem Lokal. Günther schickte ihm ein breites, selbstgefälliges Grinsen hinterher. Der Wirt hatte sein Ziel erreicht. Die war er los. Zeitlich passte das wie bestellt. Am selben Tag war sein neues Schild geliefert worden.

Günther hätte zwar mit Begriffen wie *Zielgruppenorientierter Markenauftritt* oder *Rebranding* oder *Strategische Adaption an den mikrogeografischen demografischen Wandel* nichts anfangen können. Das kam erst in späteren Generationen. Er hätte diese Termini auch nicht verstanden, sondern für getarnte Obszönitäten gehalten. Aber er hatte kurz vor jenem 50-jährigen Jubiläum gemerkt, dass auf der anderen Straßenseite die Werkswohnungssiedlung für Arbeiter der benachbarten neuen Fabrik unmittelbar vor der Fertigstellung stand. Man konnte natürlich nie wissen, was noch kommen würde. Daher verfeuerte er sein altes Schild *Zum Teutschen Horst* nicht gleich, sondern lagerte es vorläufig im Keller, nachdem er es gegen das neue mit der Aufschrift *Zur Schaffenden Hand* ausgetauscht hatte. Am Freitag nach Hermanns wütendem Besuch ließ er in der Siedlung Gutscheine über ein Freibier in der *Schaffenden Hand* verteilen. Von den Saalschlachten, die zwanzig Jahre später sein Lokal erschüttern würden, hatte er noch keine Vorstellung.

Welche Gelegenheit wurde Günther geboten, seinem alten und nunmehr ungeliebten Stammgast Dietrich so böse mitzuspielen?

Lösung: S. 91

Schulbank 4.0

Das Aufnahmeverfahren für die internationale Nono-Goethe-Einstein-Mirzakhani-Schule war im Grunde ganz einfach. Auf IQ-Tests wurde völlig verzichtet. Das lag allerdings nicht an einer reflektierten Einstellung der Schulleitung zu deren unzureichender Aussagekraft. So einfach gestrickte Kinder, dass deren vermeintliche Intelligenz sich mit IQ-Tests hätte annähernd sinnvoll bestimmen lassen, gehörten schlicht nicht zur Zielgruppe der Einrichtung. Einfach nur Hochbegabte wären in der iNGEMS als Hemmschuhe aufgefasst worden. Die Schule verwendete für ihre Klientel den bescheidenen Begriff „Genuine Talente", immer mit Majuskeln geschrieben.

Die Schulleitung hatte den einzigen substanziellen Schritt des Verfahrens praktisch outgesourct. Die Aufnahmeanträge mussten von zwei Aufsätzen aus ganz unterschiedlichen Themenbereichen begleitet werden. Überstanden beide, anonym eingereicht, eine Peer-Review bei angesehenen wissenschaftlichen Fachzeitschriften, wurde das Kind als Genuines Talent anerkannt und aufgenommen. In der einzigen Klasse der Schule wurde die Handvoll Schüler nicht nach Alter getrennt unterrichtet. Das hätte nicht zu den Ausnahmetalenten gepasst. Exzentrizitäten waren fast allen eigen. Sie wurden an der iNGEMS nicht nur geduldet, sondern als Ausprägung von Persönlichkeit betrachtet. Brain Extendables waren zugelassen, sowohl fest installierte als auch auswechselbare.

Die Schule lehrte den Zusammenhalt untereinander ebenso wie die Abgrenzung vom subintellektuellen Pöbel. Sogar wer den Beweis für die Riemannhypothese selbst bei der zweiten Erklärung noch nicht verstanden hatte, wurde nicht gleich ausgelacht, sondern dazu ermutigt, den Erläuterungsbedarf weiterhin geltend zu machen. Andererseits beteiligte sich auch der mit fortgeschrittener künstlicher Intelligenz – sie konnte zwar keine Emotionen empfinden, aber die anderer aufnehmen und verarbeiten – ausgestattete Lehrkörper gerne an Witzen zulasten der schlichten Gemüter im Verein MENSA, die an der iNGEMS dieselbe Funktion einnahmen wie im frühen 21. Jahrhundert an anderer Stelle Blondinenwitze. „Stürzen sich ein MENSA-Mitglied und ein Genuines Talent gleichzeitig aus 140 km Höhe vom Raumgleiter auf die Erde zu Tode. Wessen Leib wird zuerst auf der Erdoberfläche zermatscht? Der des Genuinen Talents, das MENSA-Mitglied muss unterwegs nach der richtigen Fallrichtung fragen, hahaha hahaha." Heiterkeit rief auch die Anekdote der kleinen Svenja-Quanta vom Kopfrechnen mit ihrem weniger talentierten Cousin hervor, der die 26. Wurzel aus 25.263.529.880.124.735 berechnen sollte und nach zwei Minuten immer noch nicht über die 17. Nachkommastelle hinausgekommen war. Man hatte Humor an der iNGEMS.

Zur Distinktion gehörte auch, dass man an der iNGEMS nach uralter kalifornischer Tradition in Gallonen, Meilen, Fahrenheit, Zoll, Fuß, Acres, Pound, Unzen etc. rechnete statt in SI Einheiten. Die Umrechnung nahm ohnehin bei den Schülern nur Sekundenbruchteile in Anspruch.

In der ersten Stunde nach den Sommerferien 2126 ließ der mobile Unterrichtungs-Quanten-Avatar KvB1*# die Schüler erzählen, was sie in den Ferien zum Zeitvertreib getan hätten.

Ayşun-Tridimi berichtete: „Meinen Zeitvertreib kann ich euch nachher mal mit einem Käfer oder einem Finger von jemand von euch demonstrieren. Nebenan steht mein Gewebescanner-Holoprojektor, der jedes beliebige biologische Gewebe dreidimensional scannt, seine Struktur speichert und farbecht holografisch projiziert. Die stufenlos skalierbare Vergrößerung reicht bis zur 3D-Darstellung einzelner Zellen. Für innere Medizin stelle ich mir das immens praktisch vor."

Fred-Legi beschrieb: „Ich habe nur mal kurz eine effiziente Schnelllesetechnik entwickelt und den gesamten nicht-physisch verfügbaren Bestand der Library of Congress auswendig gelernt. Es muss doch nicht alles immer gleich einen unmittelbaren Nutzen haben." Den letzten Satz murmelte er mit gesenktem Blick. Entschuldigend fügte er hinzu: „Aber den größten Teil der Ferien habe ich ehrenamtlich im Museum antike Quantencomputer repariert."

Sarvin-Toto warf ein: „Mein Ferienprojekt ist nützlicher. Ich habe einen Algorithmus geschrieben. Der integriert Mikroklima, Einsatzhistorie und Mannschaftsaufstellung mit einer automatisierten, sehr genauen Bewegungsanalyse beim Einlauf von Fußballspielern, womit ich das Spielergebnis mit einer Wahrscheinlichkeit von 98,2% vorhersagen kann. Es wird im Zeitraum zwischen

Einlauf und Anpfiff errechnet. Vorm Anpfiff setzt der Algorithmus über meine Accounts bei Sportwettenanbietern und zwei Stunden später bin ich reicher. Ich kann euch das nur nicht detaillierter offenlegen, denn dann würdet ihr das ja auch alle machen und die Gewinnquoten drücken.“

Phanwiwat-Semiol war eher theoretisch unterwegs: „Dieser Tellurid-Datenträger enthält ein vollständiges Zeichensystem, das ich in den letzten Tagen erdacht habe. Es gestattet allen höheren Intelligenzen unabhängig von ihrer kulturellen oder galaktischen Herkunft sowie ihren biophysikalischen Eigenschaften, sofort beim ersten Aufeinandertreffen verlustfrei miteinander zu kommunizieren. Wenn das Verbreitung findet, könnte in Zukunft bestimmt die Zerstörung so mancher Zivilisation wegen unnötiger Missverständnisse vermieden werden.“

Rebone-Zyty konnte direkt daran anknüpfen. „Mit meiner neuen Methode können Körper jeder bekannten und bislang theoretisch modellierten Lebensform im dafür von mir entwickelten Hibernationsniedertemperaturgel schonend zur Ruhe gelegt, unter Kühlung zwischen -486,6 bis -496,5 °F beliebig lange konserviert und bei Bedarf binnen 19 Stunden und 40 Minuten wieder verlustfrei aktiviert werden. Das vermeidet effektiv Langeweile und damit graviditätsbedingte Körpermodifikationen auf Intergalaktalreisen. Das Verfahren ist auch auf Wasserstoff-, Methan- und Ammoniakatmer anwendbar.“

Es klingelte zur Pause. KvB1*# bat eines der Kinder, noch kurz im Raum zu bleiben. Als sie zu zweit waren, richtete KvB1*# seine beiden Kristalllinsen genau auf die

Pupillen des Gegenübers aus und modulierte seine Stimme um eine Terz herunter, um ernst zu klingen. „Genuine Talente bilden zusammen eine Macht, wenn sie sich gegenseitig vertrauen können. Wir wollen uns nicht belügen. Wenn du das wieder tust, werden Zweifel an deinem Genuinen Talent aufkommen", drohte er kaum verhohlen mit einem Schulverweis.

Es klingelte noch einmal, doch das war gar nicht die Schulklingel.

Vom zweiten Weckerklingeln wachte er auf. Nach wenigen panischen Sekunden war er sich sicher, dass er gar nicht der mobile Unterrichtungs-Quanten-Avatar KvB1*# an der iNGEMS war, sondern der Lehramtsreferendar Kersten von Brodersen, der heute am Gymnasium Margaretheum sein Debut vor einer Klasse hatte. Heute, das war der erste Tag nach den Sommerferien 2026.

Alles verlief gut. Bei sinkendem Adrenalinspiegel auf dem Heimweg von der altehrwürdigen Schule im Westen der großen Hafenstadt erinnerte er sich wieder, und zwar sehr detailliert, an seinen dystopischen Traum. Wie sich Traum und Wirklichkeit manchmal vermischten! Sogar als KvB1*# hatte er eines der Kinder richtig einer Lüge bezichtigt. Welches Kind hatte er bei welcher Unwahrheit ertappt?

Lösung: S. 93

Eine alte Schachpartie

Irgendwie historisch wertvoll war das Geschenk bestimmt. Es weiß nur nicht jeder jeden kulturellen Wert zu schätzen. So verblieb es nicht beim Beschenkten, sondern gelangte zu dessen Volontär. Der war auch nicht begeistert, entsorgte es aber nicht. Da hätte er zu blöd ausgesehen, wenn der Kulturredakteur sich auf einmal wieder an das Geschenk erinnert hätte. Der Beschenkte hatte nämlich ebendiese Stelle bei der sechsmal wöchentlich verbreiteten regionalen Parteizeitung inne. Gemeinsam besuchten sie Ströbeck, um über das dortige Lebendschachensemble zu berichten. Das wiederum fand der Volontär viel interessanter als sein Chef. Selbstverständlich waren beide Parteimitglieder und trugen ihr Abzeichen am Revers. Und ihnen tat es der örtliche Funktionär gleich, der sie bei ihrem Besuch betreute. Der Kraftfahrer der Zeitung hingegen übte seinen Beruf ganz ohne äußere Zurschaustellung irgendeiner politischen Überzeugung aus. Er hatte auch keine. Darin wiederum glich er dem örtlichen Funktionär und den beiden Journalisten. Keiner von den vieren hätte das offen zugegeben, auch nicht nach dem achten Bier.

Der örtliche Funktionär war vor allem Ströbecker und wollte das Beste für das Dorf. Dazu gehörte, die Schachtradition des Dorfs zu verbreiten und als pflegenswertes, besonders also mit einer Finanzierung aus dem Bezirkshaushalt zu unterstützendes Brauchtum noch bekannter zu machen. Er verwies routiniert auf das Unterrichtsfach Schach an der örtlichen Grundschule, „wie es auch in der Sowjetunion Praxis ist.“

Nachdem die drei im sommerlichen Sonnenschein gemeinsam weite Teile einer Partie des Lebendschachensembles in phantasievollen Kostümen verfolgt hatten, lud der örtliche Funktionär dazu ein, im Gasthaus *Zum Schachspiel* Fragen zu stellen, Radeberger Pils und Nordhäuser Doppelkorn zu trinken sowie eine Unmenge specklastiger Häppchen zu essen, bei denen das Brot dazu nur eine Alibifunktion hatte. Für den Kraftfahrer und die Tochter des Funktionärs wurde Vita Cola aufgefahren. Dieser ließ jene soeben das vorbereitete Geschenk aus dem Nebenzimmer holen. Sie kam damit in den Gastraum getänzelt. „Wir haben es dem Traditionszimmer im *Schachspiel* entnommen“, flötete das Mädchen, wie ihr Vater es ihr eingetrichtert hatte, und präsentierte einen flachen Kasten. „Alles ist echt und antik, auch die Steine.“ Echte Steine als Geschenk? Diamantringe? Ein antikes Edelsteincollier? Der Kulturredakteur war schon fast bereit, alles zu schreiben, um den örtlichen Funktionär zu erfreuen. Als er den Kasten in die Hand nahm, um ihn zu öffnen, stellte er fest, dass es sich nur um eine zusammengeklappte alte Schachkassette handelte. Erst kam die Erkenntnis, dass keine Steine der Art darin verborgen waren, wie er sie sich vorgestellt hatte. Dann kam ihm in den Sinn, dass aktive Spieler Schachfiguren so nannten, wenn die Bauern eingeschlossen werden sollten. Zwei Umschläge lagen auch dabei. Er bedankte sich freundlich.

Der Volontär erinnerte sich nach Radeberger und Nordhäuser nur noch an die Frage des Redakteurs, ob bei dem Lebendschachensemble die Ensemblemitglieder während des Lebendschachspiels auch als Steine bezeichnet würden. Der Antwort darauf sowie der Namen, Zahl, Funktionen und Gesichter der mittrinkenden und -schlingenden weiteren Dorfprominenz entsann er sich auch nicht mehr, als er wieder fast nüchtern war.

Auf dem Rückweg von Ströbeck zum Sitz der Redaktion in Halle drückte der Kulturredakteur dem Volontär diese Schachkassette in die Hand. „Sieh zu, ob du damit was anfangen kannst. Mich interessiert das nicht die Bohne." Zu Hause blickte der Volontär auch kurz auf die Steine im Inneren und verstaute das Geschenk in einem alten Schrank auf dem Dachboden. Einige Wochen später erschien tatsächlich auf Seite 11 unter dem Namen seines Chefs seine bebilderte, phantasievoll angereicherte – wo er sich doch nicht an viel erinnern konnte – Reportage über Lebendschach in Ströbeck. Auf dem Titel und den folgenden Seiten derselben Ausgabe wurden die Ergebnisse des zentralen Parteitags behandelt, der über den Monatswechsel stattgefunden hatte. Sie genossen bei der Leserschaft erheblich mehr Aufmerksamkeit als sein Beitrag. Was nicht veröffentlicht wurde, war der zwei Tage nach Erscheinungsdatum eingetroffene Leserbrief des höchst verärgerten örtlichen Funktionärs mit einer Vielzahl von Richtigstellungen.

Nach dem Volontariat wurde er Redakteur bei der Zeitung und verblieb bis zu ihrer Einstellung nach der Wende im Beruf. Sein Parteiabzeichen hatte er da bereits eine ganze Weile nicht mehr hervorgeholt. Das geschenkte Schachspiel hatte er seit Jahrzehnten nicht hervorgeholt. Nach Einstellung der Zeitung blieb er den Printmedien insofern verbunden, als dass er bis zum Renteneintritt Werbeprospekte austrug.

Anlässlich seines Todes begann die einzige Nichte als Alleinerbin damit, die Hinterlassenschaften im Haus zu sichten. Der ehemalige Volontär hatte in den letzten Lebensjahren keinen ausgeprägten Ordnungssinn mehr, und so zog sich die Sichtung über einige Monate hin. Am Ende nahm ein Entsorgungsunternehmen einen für Privathaushalte ungewöhnlich großen Auftrag entgegen. Die Schachkassette verwahrte sie jedoch zunächst. Bei der Zusammenkunft ihres Abschlussjahrgangs verabredete sie mit einer alten Schulkameradin, dass die mal einen Blick darauf werfen sollte. Die war nämlich eine passionierte Schachspielerin und außerdem Antiquitätenhändlerin. Ab und zu restaurierte sie auch kleinere Holzmöbel. Sie nahm sich das Objekt in ihrer kleinen Werkstatt vor und öffnete auch die beiden Umschläge, die sie darin vorfand. Ein leicht vergilbter enthielt eine Geschenkurkunde, in der mit einigen ausschweifenden Sätzen der örtliche Funktionär dem Kulturredakteur das Objekt als Zeugnis der Ströbecker Schachhandwerks- und -spieltradition vermachte. Letzterer hatte sie, ebenso wie sein Volontär, niemals auch nur angesehen. Der zweite, viel ältere Umschlag enthielt Spielnotationen, mit bräunlicher Tinte auf stark gegilbtem, aber ansonsten sehr gut erhaltenem Papier für die Nachwelt festgehalten. Leider gab es keine Angaben zu den Spielern und Daten. Aus Neugier fing sie an, die kürzeste Partie nachzuspielen. Allerdings brauchte sie einige Zeit, um die Notation zu verstehen. Die altertümliche, hastige Schrift war da noch das kleinere Übel.

B n K4 — B n K4

B n KE4 — B schl KE5

P n KE3 — B n KP4

E n DE4 — E n KP2

B n D4 — B n D3

P n DE3 — E n KP5

Rock — P n K2

E schl KE7 — K n KE1

E n DE4 — P n D2

P schl KP5 — E schl D8

P n K6 — K n KE2

P schl D8 — K n KP3

E n KE7 — K n KP4

E schl KE4 — K n KP5

B n KR3 — K n KR5

K n KR2 — P n KP3

P n K6 — E n KE3

P schl D1 — B n DP4

B n KP3 — K n KR4

B n KP4 — K n KR5

Nachdem sie das Prinzip verstanden hatte, bereitete ihr die Übertragung Vergnügen. „Etwas eigenwillig notiert, trotzdem eigentlich übersichtlicher als bei den Engländern zuletzt", murmelte sie und kurz darauf: „Aha, Königsspringer¬gambit, angenommen." Am Ende urteilte sie fast unhörbar: „Nicht gerade 'ne Jahrhundertpartie. Letzten Zug nicht notiert, oder direkt vorm unvermeidlichen Ende aufgegeben." Sie zog diesen einzigen ernsthaft in Betracht kommenden letzten Zug von Weiß auf ihrem Brett und verkniff es sich, ihn der Notation auf dem Blatt hinzuzufügen.

Als sie der Erbin einige Wochen später die Kassette zurückgab, machte sie ihr keine großen Hoffnungen auf Reichtümer: „Das Stück mag gut und gerne 300 Jahre alt sein. Wenn ich mich nicht irre, sind Brett und Steine aus Walnuss und Ahorn. Das war seinerzeit schon eine ganz hübsche und gut gearbeitete Intarsie. Du siehst aber selbst, die Oberfläche ist abgerieben und die Kanten sind ziemlich angeschlagen. Die Scharniere sind auch schon arg schief. Die sind ebenso wie die Beschläge aus Bronze, da bin ich mir ziemlich sicher. Wenn du das verkaufen willst, wird da nicht viel rauszuholen sein, dafür ist das Ding zu schmucklos und trägt zu viele Gebrauchsspuren. Außerdem sind anscheinend zwei Figuren mal verloren gegangen und nachgearbeitet worden, also ich meine natürlich zwei von den Steinen. Ich würde übrigens nicht darauf wetten, dass das wirklich alles der Ströbecker Schachtradition entstammt und Zeugnis von Spiel und Handwerk in der Gemeinde ist. Aber behalt sie doch einfach oder verschenk sie an einen Liebhaber oder gib sie zurück nach Ströbeck. Da gibt's jetzt ein richtiges Schachmuseum." Die Nichte nahm die Kassette samt den enthaltenen Spielsteinen und Umschlägen wieder an sich. Sie hatte auch nichts dagegen, dass ihre Schulkameradin sich Kopien von den Spielnotationen gemacht hatte. Außerdem kannte sie sie gut genug, um zu wissen, dass diese das Stück nicht schlechtmachen wollte, um es günstig anzukaufen.

Wir nehmen es jetzt mal als gegeben hin, dass der Besuch wie beschrieben stattgefunden hat, auch wenn die

Suche nach der Reportage in Chroniken, Zeitungs- und anderen Archiven vergebens sein mag. Nun sind aber mehrere Fragen zu beantworten:

1. In welchem Jahr fand der Besuch statt?

2. Wie hätte die Schachfreundin, die natürlich der bisherigen Notation gefolgt wäre, den einzigen ernsthaft in Betracht kommenden letzten Zug notiert?

3. Was lässt sie vermuten, dass nicht alle Bestandteile des Geschenks ihren Ursprung in Ströbeck hatten?

Lösung: S. 95

Die Hinterlassenschaft des Unwürdigsten

Mein Name ist Larry M. Yewing. Ein eigenartiges Erlebnis und die Muße an Bord bringen mich dazu, in dieser Nacht zu dieser Stunde ein Tagebuch zu beginnen.

Ich komme gerade von der Bar und sitze in meiner Kabine. Selbstverständlich habe ich die beste Kabinenklasse gebucht. Wenn man sich schon unters Volk mischt, statt auf der eigenen Yacht zu fahren, muss man es sich schon so gut gehen lassen wie möglich. Nach der erfolglosen Suche bin ich spontan von Uruapan direkt nach Veracruz geflogen, um mich auf diese Karibikkreuzfahrt einzuschiffen. So richtig mit Dutzenden anderen Passagieren an Bord. Normale Leute kennenzulernen, macht gerade den Reiz dieser Reise aus. Jetzt kann wirklich niemand mehr behaupten, ich sei abgehoben, nur weil Großvater im Ölgeschäft mal Glück hatte! Meine Gulfstream lasse ich mir nach Curaçao nachkommen.

Ich bin es gewohnt, dass Dinge funktionieren, die ich veranlasse. Dass das dieser Tage anders ist, überrascht mich ernsthaft. Erst die erfolglose Suche und nun noch der lachende Mexikaner! Dabei fing der Abend so gut an. Zu meinen Tischgenossen beim Dinner gehörte auch besagter Mexikaner, ein sympathischer Geschäftsmann, der sich als Juan Pablo Salamanca vorstellte, tätig im Im- und Export von pflanzlichen pharmazeutischen

Halbfertigprodukten zwischen Süd-, Mittel- und Nordamerika. Das klingt jetzt fast wie ein Öko-Spinner, aber den Eindruck machte er gar nicht. Im Gegenteil, Salamanca wirkte recht robust.

Jedenfalls kamen wir ins Gespräch und es wurde eine gute Unterhaltung. Ich konnte ihm einige architektonische Eindrücke von meinen Villen vermitteln; die Fotos haben ihn wirklich interessiert und auch die Weitläufigkeit der Grundstücke, sogar die Nebengebäude und Bunker. Meine Faszination für schöne alte Autos teilte er vollständig. Am meisten hat er über meine Gulfstream nachgefragt, der Neidhammel. Er hat mich auch spontan eingeladen, mal in sein privates Ferienresort in Kolumbien einzufliegen. Bei Gelegenheit nehme ich ihn gerne mal auf einen Rundflug mit. Als er mich fragte, was ich überhaupt in Mexiko machte, erzählte ich ihm von meinem Ausflug in sein Land und nach Uruapan in Michoacán.

„Das fing damit an, dass mir vor fast zwei Jahren auf meinem Anwesen in Arizona jemand vom Gartenpersonal begegnete, so ein Latino. Normalerweise sollen die Abstand halten, mit solchen Leuten möchte man ja schon aus hygienischen Gründen den Kontakt vermeiden." Salamanca nickte verständnisvoll. „Dieser Miguel, oder wie diese Leute so heißen, hat mich jedenfalls freundlich gegrüßt und wahrscheinlich nicht gemerkt, dass das schon ungehörig war. Aber in diesem Fall war das mal ganz praktisch; jedenfalls bin ich abgesessen und habe ihm gestattet, meinen Araber zu trocknen." Salamancas Gesicht nahm einen ganz gerührten Ausdruck an, so als wäre er höchstpersönlich durch meine Güte privilegiert worden. „Dieser Miguel schien zuerst ganz patent und ich fragte ihn nach seiner Erfahrung mit Pferden. ‚Ich bin mit ihnen aufgewachsen‘, erzählte er mir in schlechtem Englisch. ‚Einer meiner Vorfahren war beritten im Feld und hat vor mehr als 200 Jahren zu Pferde für Mexikos Unabhängigkeit gestritten. Von ihm habe ich noch einen Brief im Familienbesitz. Schon seine Ahnen haben Pferde gezüchtet, und das hat die Familie fortgesetzt, bis wir von einem Drogenkartell vertrieben wurden. Jetzt bin ich als letzter Nachfahre über und werde wahrscheinlich das Gut der Familie nie wieder sehen. Das Kartell würde mich umbringen, wenn ich Mexiko nur wieder betrete, die haben ihre Spitzel überall bei Polizei und Behörden. Ab der Grenze wären die mir sofort auf der Spur.‘ So ein Jammerlappen, als Unternehmer versagt und sein Versagen dann auf *Drogenkartelle* schieben! Das wird doch hoffnungslos übertrieben.“ Salamanca nickte heftig zustimmend, und als Mexikaner muss er das ja wohl beurteilen können. „‚Den Brief trage ich immer bei mir, und nicht für eine Million Dollar würde ich ihn hergeben, außer für ein Museum, damit er immer erhalten bleibt‘, fuhr dieser Miguel fort und zog eine große Metallhülse aus der Tasche. Eigentlich hätte ich ihn spätestens jetzt wirklich wieder zu seiner Arbeit schicken müssen, aber dieser Geselle war irgendwie auch unterhaltsam. Mit wichtiger Miene wischte er seine Hände an der Hose ab und zog eine vergilbte Papierrolle aus dieser Hülse, die sich offenbar aufschrauben ließ. ‚Bei unserer eiligen Flucht gehörte das Pergament zu dem Wenigen, was ich aus einigen Kisten kramen und mitnehmen konnte. Das Siegel war noch nicht gebrochen; ich bin der erste, der den Brief je entrollt hat!‘ Schnörkelige, unleserliche Handschrift auf vergilbtem Papier. Kann es etwas Langweiligeres geben? Aber mir kam da eine Idee: Irgendeine von meinen steuerbegünstigten Familienstiftungen schießt ab und zu einem Museum was zu, und vor einiger Zeit hatte ich da auf einem Event dieses süße Museumsblondinchen getroffen. Vielleicht könnte ich die steuerbegünstigt beeindrucken? Ich sagte diesem Miguel also, dass sich da in Sachen Museum vielleicht etwas machen ließe, und vielleicht könnte dabei auch für ihn etwas herausspringen." Dass ich das zehn Minuten später alles wieder vergessen hatte, musste Salamanca nicht wissen. Auch nicht, dass es jetzt einige Wochen Pause gab, bevor ich wieder in Arizona war, während derer Miguel offensichtlich meinen Verwalter jeden Tag gepestet hatte.

Als der Verwalter mir das erzählte, fiel die Begegnung mir wieder ein, und besonders auch diese Museumsblondine. Ich ließ Miguel zusagen, er dürfe mir seinen Schrieb übergeben, damit ich ihn übersetzen und auf Echtheit prüfen lassen könnte. Dann würden wir weitersehen. Salamanca erzählte ich weiter: „Ich habe diesem Miguel 1.000 Dollar geben lassen" – eine kleine Abweichung von der Wahrheit, in Wirklichkeit ließ er sich von 10.000 nicht mehr runterhandeln, also habe ich mit diesem Deal immer noch 99% gegenüber seinem ersten Preisaufruf gespart – „und sein Dokument ordentlich durchchecken lassen. Dafür habe ich zuerst eine professionelle Übersetzung aus dem altertümlichen Spanisch ins heutige Englisch vornehmen lassen und dann eine Truppe Chemiker beordert. Die bestätigten mir, dass das Papier säurefrei und typisch für die Machart in der Region im frühen 19. Jahrhundert war. Es wäre in dokumentenechter Eisengallustinte beschrieben, wie sie über Jahrhunderte in der vorindustriellen Zeit Verwendung fand. Die Zusammensetzung des Siegellacks passte ebenfalls und die Bruchkanten zeigten, dass es erst kürzlich erbrochen worden war, wie dieser Miguel gesagt hatte. Botaniker haben bei einer von mir veranlassten Pollenanalyse die Übereinstimmung mit der Vegetation um dieses im Text erwähnte Uruapan festgestellt." Salamanca nickte respektvoll. Er merkte wohl, dass ich klug und weise bin und man mich nicht betrügt. Nachdem ich die Übersetzung des Briefs und sicherheitshalber ein hochwertiges Faksimile anfertigen lassen hatte, habe ich angeordnet, das Original gut zu verwahren.

Den Text hatte ich so oft gelesen, dass ich ihn Salamanca fast wörtlich wiedergeben konnte. Da ich von meiner Exkursion direkt nach Uruapan geflogen bin, führe ich eine Kopie der Übersetzung sogar hier im Gepäck mit mir. Eigentlich hätte ich sie auch in der Gulfstream lassen können, habe nur vergessen, ihn aus der Tasche zu räumen. Wo der Text nun mal hier ist, kann ich ihn auch direkt in meinen Bericht kopieren:

Mein lieber Sohn, einziger Nachgeborener, Träger meines Namens,

ich hoffe, das Gestüt blüht angesichts der Nachfrage in diesen Zeitläuften und diese Epistel erreicht dich sowie deine verehrte Frau Mutter bei bester Gesundheit. Die Vorsicht erfordert, dass ich meinen derzeitigen Aufenthaltsort nicht nenne. Mein Sohn, auf dich kommt eine

wichtige und ehrenvolle Aufgabe zu. Dir
ist die Pflicht zugefallen, die Schande
vom Namen unserer Familie zu tilgen,
die ich in einem schwachen Moment über
ihn gebracht habe.

Ganz wie bei meiner Abreise beabsich-
tigt, habe ich mich dem ehrenwerten Heer
des heldenhaften Generalissimus José
María Morelos y Pavón angeschlossen,
um in seinen Reihen für die Befreiung
unseres Bodens vom Joch des spanischen
Königs zu streiten. Schon nach kurzer
Zeit erwarb ich das Vertrauen des Generalissimus und seines Schatzmeisters.
So wie ich die Rechnung unseres Ge-
stüts zu führen verstand, wurde mir
auch die Rechnungsführung Morelos'
Heeres übertragen. Dabei war ich penibel
und verhielt mich, wie es sich einem Ehrenmann aus unserem Geschlechte ge-
ziemt. Doch mit einem schweren Fieber
des Schatzmeisters fuhr die Versuchung
auf mich nieder. Ich konnte nicht wider-
stehen, und in der dunkelsten Stunde
der Nacht und meines Lebens nahm ich
die Schatulle des Generalstabs an mich,

die der Schatzmeister mir anvertraut
hatte, während er mit der Hitz darnie-
derlag. Auch musste ich bei meiner
Flucht den wachhabenden Soldaten nie-
derschießen, der mich pflichtgemäß aufzuhalten und meinen schändlichen Verrat zu verhindern suchte. Der Herr sei
seiner Seele gnädig! Jetzt bedrückt die
Reue über die begangene Sünde mich zu
jeder Tages- und Nachtzeit.

Nun war es an mir, mich zu verbergen.
Wenige Stunden von dem edlen, einst
von Frater San Juan de Miguel gegrün-
deten Uruapan bereitete ich mir einen
unwürdigen Unterschlupf. Voller Furcht
vor umherziehendem Gelichter habe ich
diese Schatulle so versteckt, dass niemand sie ohne Anleitung finden wird.
Mein Sohn, berge sie und händige die
beiden großen Schätze aus ihrem Inhalt
dem Generalstab aus. Der eine ist eine
Reliquie unseres geliebten Generalissimus Morelos y Pavón: eines der Tü-
cher, die er selber um sein Haupt gekno-
tet trug und mir als Ausdruck seiner
Zuneigung zum Geschenk machte.

Hätte ich mich seiner Güte nur als würdig erwiesen! Mein Verrat enthebt mich jedoch jeden Rechts am Besitz dieses verehrungswürdigen Stücks. Der zweite ist eine Liste der Helden, die sich so sehr um die Befreiung von den spanischen Henkersknechten verdient gemacht haben, dass sie oder ihre Hinterbliebenen nach Vertreibung der Unterdrücker eine Pension aus dem Staatsschatz erhalten sollen. Ich würde die Schande nicht ertragen können, sie um die Anerkennung ihrer Meriten gebracht zu haben. Du als guter Patriot wirst ihnen zu ihrem Recht verhelfen.

Die Schatulle ist nur zu finden, wenn du meinen Anweisungen genau folgst: An einem 18. April zur zweiten Stunde eines präzis justierten Chronometers nach der Sonnen Zenit suchst du die Schattenkante, die der Vulkan Paricutín genau nördlich der Mitte seines Kraters wirft. Mögen der Herr und St. Petrus dir einen sonnigen Tag gewähren! Den Rücken zum Kegel gewendet, nur wenige Schritte zur Linken der Schat-

tenkante wird dir eine bemerkenswerte
Formation der Felsen auffallen, die an
einen Pferdekopf mit Blick auf den Vulkan gemahnt. Folge diesem Blick etwa
fünf Schritt. Die unscheinbare Erhö-
hung, die nur einem aufmerksamen
Auge auffallen wird, überwölbt eine
kleine Höhle, die ich mit einigem Geröll
verborgen habe. Darin wirst du die Schatulle finden, in kupferner, sorgfältig
verpichter Hülle vor den Unbilden des
Wetters geschützt. So kannst du der
ruhmreichen Befreiungsarmee die
Schätze zurückgeben und die Schmach
tilgen.

Mein Sohn, dir sei bewusst, dass Tag
und Stunde bestimmt sind und du nur
einmal im Jahr in der Lage sein wirst,
die Kleinodien aufzufinden. Bedenke
auch das Gewicht des Kästleins, enthält
es doch neben den genannten Schätzen
noch reichlich 4800 Escudos in Gold
und einiges gediegenes Silber aus Be-
freiungssteuern, die uns große Gutsher-
ren während des Feldzugs abgetreten haben. Juwelen und Ringe mögen auch

enthalten sein. Sorge dich nicht, von allen Ringen sind die Finger gleich nach der Übernahme gelöst worden.

Mein Sohn, präge dir diese Instruktionen ein und vernichte dieses Dokument meiner Schande. Ich hoffe, in vielen Jahren unter dem Schutz der Dunkelheit unser geliebtes Gestüt wiederzusehen und dich an meinen Busen drücken zu können. Nur diese Sehnsucht hält mich aufrecht. Bis dahin sei ein guter Sohn, bete täglich für mein Seelenheil zur Jungfrau von Guadalupe, die unser Banner der Befreiung ziert, und schütze deine Frau Mutter vor allem Unbill.

Dein Vater, A.D. 1815 im Juni

Nachdem ich Salamanca das Wesentliche dieses alten Dokuments vorgestellt hatte, schmunzelte er. Das ging mir bei der ersten Lektüre ebenso – ein gebrauchtes Kopftuch als großer Schatz! Diese Mexikaner!

Salamanca sollte ruhig wissen, dass er es mit einem planvollen Strategen zu tun hatte. Ich breitete ihm aus, wie ich die Suche angegangen war. „Weder Weg noch Steg zu der Stelle, die hatte der Deserteur als Versteck wirklich gut ausgesucht. Schattenkante und ein paar Schritte da- und dorthin war mir natürlich viel zu vage. Sicher, genau zur bezeichneten Stunde am 18. April habe ich diese Stelle markiert. Natürlich nicht Pi mal Daumen, sondern mit Lasermesstechnik vom Kraterrand aus ermittelt. Gleichzeitig habe ich das Team aus verschiedenen Winkeln Fotos machen lassen. Aber: überall nur erstarrte Lava, Lava, Lava und ein paar schrumpelige Büsche. Auf dem Kraterrand überhaupt keine Vegetation. Irgendwas wie ein Pferdekopf war nirgends zu sehen. Jedenfalls hatten die Einheimischen meinem Expeditionsleiter bestätigt, dass der Vulkan in Menschengedenken nur einmal ausgebrochen war und seine Form seither unverändert ist. Dann kam zum Einsatz, was der Verräter noch nicht kennen konnte: Hochleistungsmetalldetektoren. Die waren so sensibel, dass wir unsere Münzen, Gürtel und Schlüsselbunde abseits ablegen mussten. Trotzdem auch nach Stunden in dieser Steinwüste nichts außer Skorpionen.“ Ich fragte Salamanca, ob er dachte, in der Felswüste hätte doch jemand anders den Schatz schon gehoben, oder ob wohl der Deserteur sich bei der Beschreibung nicht mehr richtig erinnert hätte. Und ob der Pferdekopf der Erosion zum Opfer gefallen sein könnte. Damit er mich nicht für einfältig hielt, erwähnte ich auch noch das eigentlich Selbstverständliche: „Selbstverständlich habe ich auch die Unterschiede im Zeitmaß zwischen heute und damals einberechnen lassen, einschließlich Sommerzeit.“

Aber Salamanca antwortete nicht direkt, sondern lachte schallend. Erst hätte ich fast indigniert reagiert, aber sein spontanes Gelächter wirkte weder hämisch noch schadenfroh noch spöttisch. „Larry, Larry“, prustete er, „coole Story! Aber so einfach kriegst du mich nicht.“ Es klang wie die Anerkennung für einen besonders gelungenen Scherz. Immer noch kichernd fügte er hinzu: „Komm mit an die Bar. Mit der Story hast du dir einen Abend auf meine Kosten verdient. Toll erzählt, du hast wirklich Talent!" Ich wollte mir keine Blöße geben und wagte nicht, weiter nachzufragen. An der Bar wechselten wir das Thema und ich befriedigte zwischen vielen Drinks ausführlich Salamancas Interesse nach meiner Gulfstream, ihrer Geschwindigkeit, Flughöhe, Stauraum, Zuladung, Reichweite, Start- und Landebahnlänge. Ich gestand ihm sogar in einem Moment der Schwäche nach ein paar Drinks ein, dass es mich etwas wurmt, die G650 gekauft zu haben, obwohl kurz danach die G700 auf den Markt kam. Dann sprachen wir auch über Details meiner Anwesen und meine künftigen Besuche auf seiner Lodge. Das sind ja auch sehr schöne Themen. Wirklich ein sympathischer Gesprächspartner. In den nächsten Tagen auf der Reise zeige ich ihm gerne noch Bilder von meiner Yacht, meinen Oldtimern und meiner Familie. Die Kreuzfahrt war eine gute Idee.

Es lässt sich jetzt trefflich über Dekadenz und Empathieunfähigkeit hauptberuflicher Erben der zweiten Generation sinnieren und man mag auch einige Spekulationen über den Charakter von Juan Pablo Salamancas Im- und Export anstellen, vor allem in Verbindung mit seinem Interesse an internationalen Privatflügen. Die eigentliche Frage lautet aber: Warum fand Salamanca die Erzählung unseres Opfers so erheiternd und zog sie überhaupt nicht als wirklichen Erlebnisbericht in Betracht?

Lösung: S. 99

Kommunalseparatismus

Walderhausen-Neustadt war prächtig gediehen. Inzwischen wohnten in dem Stadtteil fast so viele Menschen wie im ursprünglichen Teil Walderhausens. Ein Industrieunternehmen hatte sich angesiedelt. Eine Grundschule war gebaut worden, sodass die Walderhausen-Neustädter Jüngsten nicht mehr in den Stammort fahren mussten. Ein Supermarkt hatte sich niedergelassen. Es gab eine Bushaltestelle mit einem aus Fördermitteln des Landes finanzierten Bushäuschen, das der walderhausen-neustädtischen Jugend abends als Kommunikationszentrum und Begegnungsstätte diente. An jedem Werktag hielten dort vier Busse. Genauer: Es hielt ein Bus, aber der viermal. Gleich daneben lag auch eine Tankstelle, die die abendliche Grundversorgung der walderhausen-neustädtischen Jugend bereitstellte.

Es hatte sich ein eigenes Vereinsleben entwickelt. Blau-Weiß Walderhausen-Neustadt rang erbittert gegen Rot-Weiß Walderhausen um einen Aufstiegsplatz in die 2. Kreisklasse. Bei der Infrastruktur für Wassersport hatte Walderhausen-Neustadt inzwischen klar die Nase vorn: Im walderhausen-neustädtischen Abschnitt der Flirte gab es einen kommunalen Kanuanleger mit Grillplatz, der in allen jüngeren Auflagen von Wasserwanderführern sowie auf der Website mit Reisetipps des Kanutenverbandes lobende Erwähnung fand. Ein inzwischen frühpensionierter Studienrat für Geschichte, Walderhausen-Neustädter der ersten Stunde, hatte mit der Sammlung von Material für eine walderhausen-neustädtische Chronik begonnen.

Einhergehend mit diesem Aufschwung hatten sich kollektives Selbstbewusstsein und Lokalpatriotismus unter der walderhausen-neustädtischen Bevölkerung ausgebreitet. „Es ist Zeit, dass wir uns selber regieren“, rief mit brüchiger Stimme der Studienrat a.D., der insgeheim mit dem zukünftigen Bürgermeisteramt liebäugelte. „Wir brauchen unsere Unabhängigkeit! In der Altstadt weiß doch niemand, wie es hier zugeht!“ Darüber herrschte auf der Bürgerversammlung von Walderhausen-Neustadt im Vereinsheim von Blau-Weiß über alle Parteigrenzen hinweg Einigkeit. Tatsächlich hatten sich außer Parteivertretern sehr wenige Bürger versammelt. Der Sprecher setzte hinzu: „Wir sind doch kein Wurmfortsatz Walderhausens! Wir benötigen einen eigenen Namen für unseren Ort, um unseren Ruf nach Autonomie mit einem klaren Vorschlag zu unterlegen. Und der Name muss Konsens sein. Ich kenne keine Parteien mehr, ich kenne nur noch Neustädter!“ Anerkennendes Raunen. „Hat jemand Vorschläge?“

Zunächst füllte nachdenkliche Stille den Saal. „Und wenn wir dem Beispiel Manesmans in Marokko und Fordlândias in Brasilien folgen und unseren Ort nach dem Unternehmen benennen, das uns mit seiner Fabrik die meisten Arbeitsplätze geschenkt hat?“, brach der Vertreter der Wirtschaftspartei sie. Er meinte die neue Zellstoffproduktefabrik, für die die Gemeinde Walderhausen sehr günstig Gemeindeland abgetreten hatte. An die Stelle der nachdenklichen Stille trat betretenes

Schweigen, das erst durch einige Bierbestellungen gebrochen wurde. Allzu unattraktiv war die Vorstellung, in einem Ort zu wohnen, dessen Name von einer Tamponmarke abgeleitet würde.

Nachdem niemand auf diesen Vorschlag weiter einging, regte die Repräsentantin der Konservativen Partei an, eine wichtige Persönlichkeit aus der Geschichte zum Namenspaten zu machen, zum Beispiel ... Aber da fiel ihr schon die Vertreterin der Moderaten Partei ins Wort: „Das ist wohl ein bisschen aus der Mode. So wie Karl-Marx-Stadt, Jasperode, Dimitrowgrad, Stalingrad, Nur-Sultan, Leningrad, Kaliningrad, ...“ „Königsberg heißt das!“, brüllte der Schnauzbartträger von der Nationalen Alternative dazwischen. Die Moderate fuhr unbeirrt fort „... Gorki, Frunse, Kirow, Blagoewgrad, Ho-Chi-Minh-Stadt oder wie!?“ Indigniert entgegnete die Konservative, sie hätte eher an Vorbilder wie Ludwigsburg, Ludwigshafen, Wilhelmshaven, Friedrichshafen oder Karlsruhe gedacht. Der Nationalalternative warf ihr einen anerkennenden Blick zu. „Auch nicht besser!“, blaffte die Moderate zurück, die sich mit der Konservativen, ihrer Nachbarin, seit Jahren um den Schatten stritt, den deren hoch gewachsene Kiefern nachmittags auf ihre Terrasse warfen. Der bisher zurückhaltende Vertreter der Sozialpartei warf ihr einen anerkennenden Blick zu. Es war offensichtlich, dass über einen geeigneten Namen einer historischen Persönlichkeit kein Konsens erzielt werden konnte.

Inzwischen hatte sich das Urgestein der Unabhängigen Initiative etwas überlegt. „Ich bin für Flirtenfließ. Oder so ähnlich. Viele Städte sind oder waren doch nach ihrem Gewässer benannt. Nicht nur etwa Wolgograd, ..." – die Moderate, der Nationalalternative und die Konservative zuckten zusammen – „... sondern auch Düsseldorf, Ueckermünde, Peenemünde, Travemünde, Swinemünde, ..." „Das heißt Świnoujście!", warf die Vorsitzende der Fortschrittspartei schneidend ein. An der Aussprache scheiterte sie kläglich, was indes niemandem im Raum auffiel. Mit irritierter Miene fuhr der Unabhängige fort: „... Wesermünde, Saarlouis ..." „Saarlautern heißt das!", brüllte der Nationale dazwischen, ohne dafür anerkennende Blicke zu ernten. Verbissen nahm der Unabhängige erneut den Faden auf: „... Elbing, Elbingerode, Mindelheim und neueren Datums Wuppertal und Neckarsulm." Niemand ging darauf ein, dass Elbing heutzutage in der Regel Elbląg genannt wird. Man hörte einige Stimmen, die versonnen den Gedanken aufgriffen. Flirtenbach, Flirtestadt, Flirtenfließ, Flirtenbrück, Flirtingen, Flirtenow, Flirtenhausen, Flirtenbek wurden als Varianten halblaut ausprobiert und konnten doch nicht begeistern.

Der:die nicht binärgeschlechtliche Vertreter:in der Umweltpartei erhob sanft seine:ihre Stimme: „Viele Orte werden nach der historischen regionalen Fauna benannt. Ich denke da an Berlin, Bern, Bernkastel, Eberswalde, Ebersberg, Wolfsburg oder im Ausland León und Tigre. Das sind zeitlose, unverfängliche Vorbilder." „Stadt des KdF-Wagens heißt das", dachte der Nationalalternative. Er traute sich aber nicht, das laut auszusprechen. Manch ein Gesicht im Raum hellte sich auf. Zumindest machten sich die Tiere doch keiner Parteizugehörigkeit schuldig. Gerade wollte der Studienrat a.D. zu einem geschichtswissenschaftlich fundierten Exkurs über die Stadt Wolfsburg ansetzen, als die Stentorstimme des einzigen walderhausen-neustädtischen Ratsherrn der Humorpartei donnerte: „Au ja! Ich votiere für Entenhausen oder Gansfurt!“ Den simultan sehr leise gemurmelten Spott „Kartoffelkäferheim? Rotbauchfliegenschnäpperbergen???“ von den Lippen der Liberalen Partei nahm daher niemand wahr. Im anschließenden parteiübergreifenden Gekicher ging außer dem drohenden Exkurs ungerechterweise auch die Fauna als Namenspatronin unter.

„Auf die Traditionen des Glaubens müssen wir uns besinnen, wie im In- und Ausland Usus“, wärmte gleich danach die Konservative ihren Vorschlag von Namen aus der Vergangenheit leicht verändert wieder auf. „Wählen wir doch einen Heiligen zum Namenspatron, so wie Sankt Blasien, Sankt Gallen, Sankt Goar und Sankt Goarshausen, Santa Marta, San Diego, San José, Sankt Martin, San Francisco, Sankt Peter wie Sankt Petersburg und so viele andere es gemacht haben.“ Sie erhielt keinerlei Zustimmung, nachdem ein lautes „Mohammed-City“ des Humorigen durch den Raum dröhnte. Die Fortschrittliche erklärte den Anwesenden zusätzlich, dass bei Bezug auf Traditionen die einzige in Frage kommende Patronin die Schutzheilige der Gemeinde wäre. Mangels einer eigenständigen walderhausen-neustädtischen Pfarrgemeinde wäre dies jedoch die Schutzheilige von Walderhausen, von dem man sich gerade trennen wolle. Auch den Ideen der Fortschrittlichen im Allgemeinen nicht wohlgesinnte Versammelte konnten sich dieser Argumentation nicht ganz verschließen. Den Rest des Abends verbrachte die bloßgestellte Konservative stumm und mit eisiger Miene.

Aus dem kleinen Kreis der nicht parteigebundenen Bürger kam eine schüchterne Wortmeldung: „Und die wichtigsten Güter des primären Sektors wie in Reichenhall, Hallstein, Salzburg, Rhyolite oder Rybnik?" Das verstanden zwar nicht alle, aber kein Parteivertreter widersprach. Vielmehr nahmen sie sich alle gleichzeitig im Stillen vor, auf diese Bürgerin gleich nach der Veranstaltung zuzugehen, ihr zu schmeicheln und sie für die eigene Partei zu werben. Als der Vereinsvorsitzende entgegnete, dass er seinen Verein nicht in Blau-Weiß Steckrübingen umbenennen wollte, war das kollektive Aufatmen trotzdem unüberhörbar.

Inzwischen waren weitere Runden getrunken, aber noch immer kein Konsens erzielt worden. Der Soziale hatte aber zu vorgerückter Stunde einen Einfall. „Folgen wir doch den Beispielen Eisenhüttenstadts, Zweibrückens, Rothenburgs, Neuenkirchens und Nowa Hutas! Benennen wir uns nach einem unserer signifikanten Bauwerke!" Zufrieden mit sich strahlte er über seine leeren Biergläser hinweg in die Runde. Seine Selbstzufriedenheit wich jäh, als er nach einem konkreten Vorschlag gefragt wurde. Dass Tamponfabrik, Vereinsheim, Supermarkt, Tankstelle und Kanuanleger nicht so recht geeignet waren, merkte er selber.

Bei diesem Diskussionsstand musste der Berichterstatter den Ort des Geschehens leider verlassen und kann so nicht mitteilen, ob die Bürgerversammlung sich letztendlich auf einen Vorschlag einigte, um Walderhausen-Neustadts Unabhängigkeitskampf mit einem neuen Ortsnamen zu verknüpfen. Außer für Kanuten auf Wasserwandertour ist das auch unbedeutsam. Wir wollen etwas ganz anderes wissen: In welchem Moment hätte

einer der Teilnehmer oder eine der Teilnehmerinnen
sich aus einem keinerlei lokalpatriotischen, historischen, linguistischen, politischen oder sonstigen Wertungen unterliegenden Grund blamiert, wenn sein bzw.
ihr Lapsus den anderen Anwesenden aufgefallen wäre?

Lösung: S. 101

Biologische Kriegsführung neu gedacht

Die an diesem Geschehnis beteiligten Länder und Personen wurden anonymisiert, um den Informanten, die Beschäftigten des Verlags und den Buchhandel vor geheimdienstlicher, politischer und strafrechtlicher Verfolgung durch eines dieser Länder zu schützen.

Eines Morgens lag im taufeuchten Gras des Gartens der Botschaft des Landes Azelien bei der Regierung des Republik Bragolei ein in Kunststofffolie eingeschweißter Umschlag, adressiert mit nur einem Wort: Sicherheitsverantwortlicher. Nach negativem Ergebnis der Prüfung auf krankheitserregende Stoffe und verräterische Mikroelektronik landete er immer noch verschlossen auf dem Schreibtisch der Geheimdienstresidentin bei der azelischen Botschaft. Die azelische Residentin öffnete ihn. Die Nachricht ohne Anrede und Grußformel lautete kurz: „Am nächsten Montag werde ich mich bei Ihrem Einlass als K.-F.B. vorstellen. Sorgen Sie dafür, dass ich ohne Personalienfeststellung zu Ihnen persönlich komme. Dann kann ich Ihnen Details über eine Bedrohung Azeliens schildern.“

So kam es. K.-F.B. war ein unauffälliger Mittvierziger. Frisur, Kleidung, Gesichtsausdruck verrieten nichts über ihn. Er hätte gleichermaßen Hilfsregistrar in einer Versicherung wie Rennfahrer außerhalb der Piste sein können. Er erschien ohne Waffen, Handy und persönli-

62

che Papiere. Die Vorzimmerkraft der Residentin bat ihn um etwas Geduld. Die Residentin ließ ihn warten, bis ihre fünf aktuellen Leben bei Candy Crush verspielt waren. Sie war eine geübte Spielerin. Dann bat sie persönlich den inzwischen eingeschüchterten (das war ihre Absicht) K.-F.B. herein, dankte ihm für seine Geduld („... ganz unerwartet ... mit dem Staatssekretär ..."), ließ von einem livrierten und weiß behandschuhten Hausdiener Kaffee samt Geschirr und Biskuits bringen und legte sich einen Notizblock bereit. „Sie sehen Azelien bedroht, Herr B.?", lud sie ihn ein, sein Wissen zu teilen, und blickte ihn aufmerksam an.

K.-F.B. sprudelte los. „Mein Name lautet in Wirklichkeit gar nicht K.-F.B., sondern ganz anders. Sie können mich aber vorerst weiterhin B. nennen. Dieses Treffen habe ich schon seit Wochen geplant. Ich bin nur als Tourist in der Bragolei. Mein tatsächlicher Wohnort spielt im Moment keine Rolle. Dort bin ich als Zoologe stellvertretender wissenschaftlicher Leiter" – bei der Nennung seines Titels schien er um einige Zentimeter zu wachsen – „eines Geheiminstituts." Noch ein paar Zentimeter. „Es handelt sich um das Institut für Zoologische Hybridenforschung, das an einen großen Tierpark angeschlossen ist. Offiziell existiert es überhaupt nicht. Kaum jemand weiß davon, und das Gelände ist vom Besucherbereich streng abgeschirmt." Die Residentin lauschte und machte sich einige Notizen.

„Im IZH erforschen wir die Kreuzung von Tieren verschiedener Arten, die sich untereinander fortpflanzen können, deren Nachkommen aber steril sind. Das ist im Grunde nichts Neues, sondern dasselbe Prinzip, wie schon in der Bronzezeit bei Maultieren umgesetzt. Wir interessieren uns aber mehr für andere Arten, das geht, neben anderen Equiden, von Nagetieren wie Hase und Kaninchen bis hin zu Großkatzen." „Nagetiere und Großkatzen", wiederholte die Residentin und machte sich weitere Notizen.

„In einigen Zoos gibt es ja schon Liger, Kreuzungen eines Löwenmännchens mit einer Tigerin. Die werden größer als alle anderen Großkatzen in der Natur und ziehen viele Besucher an. Solche züchten wir auch. Unsere werden aber versteckt gehalten. Sie sollen nicht einfach gezeigt werden, sondern wir stellen Studien zur Dressur an. Das Ziel ist, sie in Rudeln militärisch und besonders zur Aufstandsbekämpfung einsetzen zu können." Bedeutungsvoll schaute er der Residentin ins Gesicht. „Abgesehen von ihrer Kraft und Schnelligkeit, stellen Sie sich den Effekt vor, wenn ein Rudel säbelzahntiger-großer Raubkatzen mit Mähne auf den Mob losstürmt! Dagegen sind Kavallerie und Hannibals Elefant vor Rom gar nichts!" Die Residentin blätterte ihren Notizblock um und schrieb einige weitere Wörter auf.

„Nur ab und zu bekommen wir Besuch von Externen, die sich ein Bild von unseren Fortschritten bei der Ligerdressur machen wollen. Wir lassen die Tiere vor solchen Besuchen immer zwei Tage hungern, sodass sie noch wilder wirken. Wegen der Geheimhaltung habe ich diese Visiten nicht sehr gerne, aber wir hoffen durch Aufträge aus dem staatlichen Sicherheitssektor unseren Etat massiv erweitern zu können. Öffentlich dürfen wir ja keine Lobbyarbeit leisten. Für unsere Kanasen, das sind Hybride aus Kaninchenrammlern und Feldhasenzibben, und unsere Hasinchen, die kommen von einem Feldhasenrammler und einer Kaninchenzibbe, interessieren die sich leider immer erst am Schluss, wenn wir sie mit Hasinchenbraten bewirten." Die Residentin fragte, ob er gekommen wäre, um die azelischen Sicherheitsorgane zu einem Besuch einzuladen. „Ja, auch, aber das ist nicht das Wichtigste. Vor allem waren vor kurzem Militärs Ihres Nachbarlandes Cejeja bei uns und zeigten großes Interesse an der Einsatzfähigkeit dressierter Liger in Gelände, das Ihrem Grenzgebiet entspricht. Das bereitet mir Sorgen." Die Residentin füllte ihren Block mit weiteren Begriffen.

Sie war nicht nur Geheimdienstlerin, sondern auch Diplomatin. Und sie war sich bewusst, dass ihr Aufgabenbereich sehr wohl die Informationsgewinnung in ihrer ganzen Breite umfasste, nicht aber die Auswertung. So schüttelte sie die ganze Zeit weder den Kopf noch verzog sie eine Miene. Und wer weiß, vielleicht könnte ja der azelische Nationalzoo billig an eine neue Attraktion kommen. „Lieber Herr B., vielen Dank, dass Sie sich Gedanken um Azeliens Sicherheit gemacht haben und zu mir gekommen sind. Das ist eine sehr wertvolle Information, die ich selbstverständlich unverzüglich weiterleite. Ich möchte Sie gerne einladen, mich in einer Woche um dieselbe Zeit wieder zu besuchen. Gewiss können Sie uns doch noch mehr Details zur Ligerzucht, zu den besonderen Interessen der cejejanischen Aggressoren und geeigneten Abwehrmaßnahmen berichten?" Erfreut über das Interesse stimmte K.-F.B. ihr zu. „Vielleicht würden Sie zu diesem Zweck später auch eine Einladung nach Azelien annehmen? Ich rechne damit, dass Sie weitergehende Auskünfte mit der Hoffnung verbinden, für Ihr Institut einen Forschungszuschuss von uns zu erhalten? Und dass der nicht zwangsläufig auf ein of-

fizielles Bankkonto des Instituts geleistet werden muss?"
K.-F.B. stimmte geradezu enthusiastisch zu. Man verstand sich. Höflich wurde er nach einigen weiteren Floskeln bis zur Tür geleitet.

Nach Feierabend dachte die Residentin im Supermarkt wieder an diese skurrile Begegnung, als sie die Notizen in die Hand nahm, die sie während des Gesprächs angefertigt hatte: Tomaten, neue Kartoffeln, Schnitzel, ... „So einen Hasinchenbraten würde ich mir gefallen lassen", dachte sie. „Ob der auch gespickt wird?" Avocados, Spinat, Croutons, Sesam, Öl, Zitronensaft, Mayonnaise, Eier, Paniermehl, ... Durch die Zusammenstellung ihrer Einkaufsliste war die Zeit mit K.-F.B. wenigstens nicht ganz vergeudet gewesen. Die Aufzeichnung des Gesprächs hatte sie gleich nach der Unterhaltung samt K.-F.Bs. Fingerabdrücken auf der Kaffeetasse digitalisiert und verschlüsselt zu einem schmucklosen großen Gebäudekomplex am Rande der azelischen Hauptstadt schicken lassen.

Am kommenden Montag wurde der enttäuschte K.-F.B. an der Pforte der Botschaft sehr bestimmt abgewiesen. So hatte es die folgsame Residentin bestimmt. Bereits drei Tage nach dem Gespräch erhielt sie eine klare Anordnung von der Zentrale: „Person hier nicht bekannt. Inkompetenter, dummschwafelnder Hochstapler. Kontakt abbrechen." Darüber sann sie kurz nach. Sie hatte ihn für durchgeknallt gehalten, aber das hätte man vor der Offenlegung auch von Berichten über das allumfassende NSA-Abhörsystem gedacht oder den Plan, Fidel Castro mit einer explodierenden künstlichen Muschel zu liquidieren. Doch woher wussten die Kollegen so sicher, dass er ein inkompetenter Hochstapler war? Sie kam nicht darauf und nach wenigen Minuten hatte sie die Angelegenheit schon völlig vergessen. Jetzt musste sie sich um die als Streichholzfabriken getarnten Biowaffenlabore im anderen Nachbarland Drubandia kümmern, die dort mit Unterstützung der etrezischen Illuminaten errichtet wurden.

Welche beiden Patzer K.-F.Bs. waren den Kollegen der Zentrale aufgefallen, die der Residentin entgangen waren?

Lösung: S. 103

Helgas Feierabend

Helga schloss die Wohnungstür auf, wie sie es schon Hunderte Male getan hatte. Ihre Einkaufstasche landete mit einem routinierten, halbwegs gezielten Wurf in der Küche neben der krümeligen Arbeitsfläche. Die Dosen würden schon keinen Schaden nehmen. Nicht dass sie sich freute, zu Hause zu sein. Aber wenigstens war sie nicht mehr unter unerträglichen Kollegen und unsäglichen anderen Fahrgästen im Bus. Heute blieben ihr auch die Nachbarn im Treppenhaus erspart.

Sie ging schon lange nicht mehr gerne zur Arbeit. Die meisten Kollegen, die denselben Abschluss wie sie in der Tasche hatten und teilweise weniger Berufserfahrung, nahmen sie kaum ernst und die Mehrheit auch kaum wahr. Gut für sie – so blieb sie unter dem Radar, wenn sie sich gelegentlich am Eigentum des Arbeitgebers bediente. Für Helga war es jedes Mal ein Triumph, wenn sie zu Hause davon Gebrauch machte, und der kleine Nervenkitzel bereitete ihr mehr Freude als eine etwaige Ersparnis. Sonst gab es nicht viel Nervenkitzel in ihrem Dasein.

Sie griff blind in die Einkaufstasche, öffnete die erste ergriffene Dose und schüttete den Inhalt in einen Kochtopf. Heute hatte das Schicksal Chili con Carne im Angebot. Das aß sie nach wenigen Minuten auf der Flamme direkt aus dem Topf. Warum sich zusätzlich

Arbeit machen? Dazu hatte sie zwei Scheiben Brot von der billigsten im Supermarkt erhältlichen Sorte auf den Tisch gelegt.

Helga bereitete sich das masochistische Vergnügen, Nachrichten anzusehen. Die Welt war schlecht. Überall Unordnung. Sogenannte Flüchtlinge, die sie mit ihren Steuergeldern durchzufüttern hatte. Irgendwelche Leute in Lumpen, die in Bangladesch von einer Schlammlawine überrollt wurden. Wie kann man nur so dämlich sein und sein Haus an einem Hang bauen, wenn es regelmäßig Monsun gibt? Und wenigstens für Fernsehaufnahmen sollte man sich doch mal anständig anziehen! Chaoten in Berlin, die mit Brandstiftung die Bahn sabotieren. Da müsste mal richtig durchgegriffen werden, dann würde sich das schon legen.

Bis gestern hatte Helga sich jeden Abend zu ihrer wechselnden Dosennahrung ein oder zwei Whisky on the rocks eingegossen. Oder doch eher drei. Und zu den Nachrichten mindestens einen weiteren. Darüber hatte sie sich lange keine Gedanken gemacht. Man ist doch keine Alkoholikerin, wenn man regelmäßig ein Gläschen für den Gaumengenuss trinkt. Und schließlich ist das hochwertiger Scotch und nicht irgendein mieser Fusel für Asos. Aber gestern war sie beim Klicken durch YouTube auf ein Video gestoßen, in dem eine Heilpraktikerin behauptete, alle Spirituosen hätten fast dieselbe Wirkung. Jetzt erinnerte sie sich wieder, dass sie mit dem Whisky aufhören wollte und auf dem Heimweg extra ein Fläschchen Zitronensaft gekauft hatte. Sie fingerte in der Einkaufstasche danach. Zum Glück war es bei dem Wurf heil geblieben. So kamen einige Tropfen Saft in ein Glas Mineralwasser. Dann gab sie noch zwei Eiswürfel in das Glas. Jetzt fing ein neuer Lebensabschnitt an, der Lebensabschnitt ohne Whisky. Abwesend beobachtete sie, wie die Eiswürfel im Glas zu Boden sanken, dort friedlich ruhend liegen blieben und Kohlensäure von ihnen hochperlte. Hoch und runter, das gehört im Leben immer zusammen, sinnierte sie. Auf und nieder geht es ständig, das ist nun so der Lauf der Welt. Die Töne hoch und runter, sonst gibt es keine Musik. Morgens die Treppe runter und abends wieder hoch, so geht das jeden Tag. Und bei diesem Mann, mit dem sie mal fast zusammengelebt hätte, bei dem ging auch öfter mal was hoch und später wieder runter. Eklig war das. Aber an ihr Wasser mit Zitrone würde sie sich gewöhnen können. Helga war auf die philosophische Tiefe ihrer Betrachtungen ebenso stolz wie auf die innovative Idee, ihren Sprudel geschmacklich anzureichern.

Nach dem zweiten Glas waren die Nachrichten vorbei. Für ihr Abendprogramm hatte sie sich Kultur vorgenommen. Sie hatte entdeckt, dass auf YouTube alle Derrick-Folgen zu finden waren. Das waren noch richtige Krimis ohne albernes Verständnis für die Verbrecher, und Horst Tappert ein richtiger kerniger Schauspieler! Ihr fiel dann ein, dass sie nicht verschwenderisch sein sollte. Die angebrochene Whiskyflasche war ja noch nicht leer. Viel zu schade, den Rest wegzuschütten. Und schließlich hatte ihr das jahrelang nicht geschadet. Aber ab morgen würde sie wirklich völlig darauf verzichten, und die drei noch geschlossenen Flaschen im Schrank würde sie nicht anrühren, sondern nur für Gäste aufbewahren!

Mit diesen Gedanken legte sie sich nach der dritten Derrick-Folge und einem Whiskyschlummertrunk in ihr schmales Bett und träumte dann wirr von Zitronen, stetigem Treppab und Treppauf und den unerträglichen Kollegen.

Wir wollen jetzt über Helgas Freizeitgestaltung ebenso wenig urteilen wie über ihre Einstellung zur Welt. Auch bei ihrem Alkoholproblem wollen wir mangels Erfolgsaussicht nicht eingreifen. Helgas Beruf soll bestimmt werden. Es ist einer aus dieser Auswahl:

a) Bilanzbuchhalterin in einem Stahlkonzern
b) Branchenanalystin in einer Investmentbank
c) Dermatologin in einem Krankenhaus
d) Ermittlerin bei der Kriminalpolizei
e) Feinmechanikerin bei einem Wartungsbetrieb für Industriefilter
f) Fleischereifachverkäuferin an einer Fleisch- und Wursttheke im Supermarkt
g) Ingenieurin in einem Kernkraftwerk
h) Politische Referentin einer Parlamentsfraktion
i) Professionelle Speerwerferin
j) Reinigungskraft bei einer Zeitarbeitsfirma
k) Schneiderin in einem Textilgroßbetrieb
l) Schweißerin auf einer Werft

Tatsächlich gibt es keinen eindeutigen Beweis für eine dieser Optionen, aber ein starkes Indiz. Welche Tätigkeit übt sie wahrscheinlich aus und was weist darauf hin?

Lösung: S. 105

Mehr als der Glanz des Goldgrunds

Alina saß in ihrer Lieblingsbar und nippte an einem Cocktail. Sie überlegte ernsthaft, schon frühzeitig aufzubrechen. Als dann aber jemand kam und sie fragte, ob der Platz neben ihr frei wäre, beschloss sie, doch noch einen Moment zu bleiben. *Jemand* sah nämlich recht sympathisch und attraktiv aus.

Das Wieheißtdu, Wasmachstdu, Wowohnstdu war über der nächsten Bestellung (und mit dieser auch das Wastrinkstdugerne) rasch geklärt. Sie hießen Alina und Sarah und wohnten beide in Kiel. Alina war frischgebackene Kunsthistorikerin, arbeitete zurzeit aber als Fahrradkurierin. Sarah erzählte, dass sie ihre Brötchen als ausgebildete Rechtsanwalts- und Notarfachangestellte verdiente und eine begonnene Fortbildung als Notarfachwirtin geschmissen hatte. Worüber Alina denn ihre Bachelorarbeit geschrieben hätte?

„Das habe ich schon wieder halb vergessen", stapelte sie tief. „Ich habe mich ein bisschen mit spätmittelalterlichen Glasmalereien im Berner Münster befasst. Nichts Weltbewegendes."

„Doch, das finde ich sehr spannend!" Sarah zeigte sich ganz hin und weg. „Das mit dem Mittelalter interessiert mich schon ganz lange, darüber wollte ich schon immer was lesen, seitdem ich diese alten Kirchen in Bologna besucht habe. Was sollte man denn da zur Einführung lesen?“

„Oje, da gibt es viele Regalkilometer zur Auswahl.“ Nach einem Moment des Nachdenkens: „Also, als Startlektüre für den Einstieg kannst du ja mal die entsprechenden Kapitel in Ernst Gombrichs *Die Geschichte der Kunst* lesen. Oder speziell zum Mittelalter die entsprechenden Bände aus den Propyläen Kunstgeschichte. Das sind aber recht konservative Überblicksdarstellungen. Arnold Hauser hat in der Sozialgeschichte der Kunst etwas mehr zur Verknüpfung von Lebenssituation der Menschen und künstlerischen Ausdrucksformen dargestellt. Hähä, das war bei Erscheinen in der konservativen Kunsthistorikerwelt vor ewigen Jahrzehnten gar nicht gut angekommen.“ Ihr blieb fast die Sprache weg, als sie sah, wie Sarah aus ihrer Handtasche einen kleines Notizbüchlein sowie einen silbernen Druckbleistift hervorzog und begann, sich Notizen zu machen. Die interessierte sich ja wirklich!

„Und wenn’s ein bisschen spezieller werden soll?“, wollte Sarah wissen.

„Da gibt’s so viele Spezialisten fürs ganz Spezielle“, erklärte Alina. „Und bei manchen geht es auch nicht nur um einzelne Epochen, sondern darum, wie man eigentlich die Kunst betrachtet“, setzte sie hinzu. Sarah hing an Alinas Lippen und sah sie mit großen Augen an. „Ach, ich dachte, die guckt man sich einfach an.“

Alina schmunzelte etwas. „Ja, genaues Hingucken ist tatsächlich der Ausgangspunkt bei jeder Kunstbetrachtung“, stimmte sie Sarah zu. „Ich meine etwas anderes. Manche sehen die Bilder und Skulpturen losgelöst von allem anderen, andere gerade im Gegenteil. Arnold

Hauser hatte ich ja schon erwähnt. Der verknüpfte Kunst relativ früh mit ästhetischen, sozialgeschichtlichen, psychologischen und philosophischen Parametern ihrer Zeit. Andere tun so, als ob das Bild eine Art eigene Persönlichkeit wäre und per se handeln würde. Die sprechen dann vom ‚Bildakt‘. Dass „Bildakt“ und „Parameter“ ihr Gegenüber zu überfordern schienen, merkte Alina nicht. „Und der auch schon längst verstorbene Erwin Panofsky postulierte, dass jedes einzelne Bildelement in der mittelalterlichen Kunst eine Bedeutung hat und nichts einfach nur zur Dekoration eingesetzt wurde. Er hat festgestellt, dass es nicht nur auf das Was der Darstellung ankam, sondern auch auf das Wie, und dass damit Bedeutungen geschaffen wurden, die uns heute teilweise schwer verständlich sind. Die Fachkunde um diese Entschlüsselung bzw. die ganze Methode nennt man Ikonologie.“ Zum Glück für Sarah war Alinas Glas leer, sodass der Redefluss zwecks Bestellung von Nachschub unterbrochen wurde.

„Aber wenn's eher so um Überblicke geht?“, verlangte Sarah immer noch nach Lesetipps und tippte mit dem Bleistift auf ihr Notizbüchlein.

„Wirklich, es gibt so viele Kunsthistoriker, dass das anderen jetzt wie eine fast willkürliche Auswahl vorkommen mag. OK, für christliche Ikonografie gibt's bei Reiner Haussherr ein paar ganz vorlagentaugliche Texte. Geht's um den Übergang zur Renaissance, liest du am besten Jan Białostocki, der hat auch den Propyläen-Band dazu verantwortet. Willst du speziell was zur italienischen Renaissance lesen, kannst du mal nach John Pope-Hennessy suchen, der ist da ein echter Papst.“ Pope der Papst, das war nach dem vierten Cocktail schon recht witzig. „Weil du vorhin von Kirchen gesprochen hast, kann ich dir auch Paul Crossly und Kenneth John Conant vorschlagen. Haben beide einiges zur Architektur gemacht."

„Oh, toll, ich war so beeindruckt in Istanbul von der Hagia Sophia. Ich wusste vorher gar nicht, dass das mal 'ne Kirche war, bevor sie zur Moschee umgewandelt wurde."

„Ach, das ist noch was anderes. Die christliche Kunst von dort wird byzantinische Kunst genannt, weil Istanbul früher Byzanz hieß. Da gibt es auf Deutsch besonders von dem Paar Arne Effenberger und Neslihan Asutay-Effenberger einiges zu." Den zweiten Namen ließ Sarah sich von Alina buchstabieren und klappte ihr Notizbüchlein dann zu.

„Jetzt in der Türkei am Strand zu liegen und in die Sterne zu blicken, das wäre aber auch schön", leitete Sarah das Gespräch vom Byzantinismus in die Gegenwart über. Darauf ging Alina gerne ein. Nun ging es mehr um Urlaubspläne und Lebensplanungen. Die erfahrene Barkeeperin hatte noch vor Alina und Sarah selbst bemerkt, wie sich ein ganz besonderer überzeitlicher Glanz in beider Augen legte, der mit jenem des Goldgrunds aus der byzantinischen, westlich-christlichen oder orthodoxen Kunst nicht im Geringsten im Zusammenhang stand.

Als Sarah am nächsten späten Morgen ins Bad ging, fiel Alinas Blick auf das Notizbüchlein, das aus Sarahs Tasche gefallen war. Es öffnete sich genau dort, wo Sarah zuletzt Notizen eingetragen hatte. Nach einem kurzen, aufmerksamen Blick legte Alina es wieder weg. Als sie und Sarah wieder Haut an Haut zusammengekuschelt unter der Bettdecke lagen, konnte sie sich eine Bemerkung nicht ganz verkneifen. „Du hast dich schon ein bisschen mehr mit mittelalterlicher Kunst beschäftigt, als du mir gestern erzählt hast, oder?" „Da" – Sarah knutschte sie mitten auf den Mund – „hast" – Kuss auf die linke Brustwarze – „du" – die rechte glänzte feucht – „völlig" – Zungenkuss auf und in den Bauchnabel – „Recht". Einige sanft auf ihre Scham gehauchte Küsse ließen Alina das Thema für lange Zeit wieder vergessen.

Später fand Alina, sie hätte schon bei dieser Begegnung gewarnt sein müssen. Später, das war, als sie Sarahs

Manie erkannte. Sie hatten sich ein halbes Jahr vor dem beschriebenen Treffen in der Bar schon einmal für ein paar Sekunden auf einer Party gesprochen, ohne dass Alina sich jemals wieder auch nur ansatzweise daran erinnert hätte. Sarah war jedoch dermaßen hingerissen, dass sie von nun an ihre gesamte Freizeit darauf verwendete, alles über Alinas Vorlieben zu erkunden, ihre Aufenthaltsorte einschließlich Lieblingsbar, ihren Fahrradkurierdienst, ihre Gewohnheiten, ihr Studium samt Abschlussarbeit. Unter falschen Namen, mit Vorwänden und unter Einsatz ihres beachtlichen Manipulationsvermögens horchte sie Alinas Verwandte, Kollegen und Freunde aus. Sodann widmete sie sich der mittelalterlichen Kunst, um einen Anknüpfungspunkt für den Flirt zu haben und nötigenfalls den Gesprächsfaden am Laufen zu halten. Sie fand das ganz normal und lehnte den Vorschlag empört ab, sie solle sich Hilfe suchen.

Über der ganzen Knutscherei vergaß auch Sarah, eine naheliegende Frage zu stellen: Wie kam Alina darauf, dass Sarah mehr wusste, als sie sich anfangs anmerken ließ?

Lösung: S. 107

Verkehrsunfall

Chertek erinnerte sich auch nach Jahrzehnten noch ganz genau an den ersten problemlosen Einsatz ihrer Berufslaufbahn. Er war wirklich banal. Der Auftrag kam um 13:33 Uhr. Ihre Schicht wäre um 14:00 Uhr zu Ende gewesen, aber jetzt fürchtete sie Überstunden. Wie würde Saltschak es aufnehmen, wenn sie zu spät käme? Vom Parkplatz am nördlichen Ende der Internationalen Straße neben dem Stadion, wo sie eine kurze Pause gemacht hatten, fuhren sie auf der Straße der Roten Partisanen in Richtung Westen. Rechts sah sie im Vorbeifahren den Obelisken, der angeblich das genaue Zentrum Asiens markierte. Chertek hätte den Weg im Schlaf gefunden.

Sie war in der Stadt geboren, aufgewachsen und zur Schule gegangen. Die Beziehungen ihres Vaters hatten im Gegensatz zu ihrem eigenen Verstand für ein hinreichendes Reifezeugnis an der Oberschule genügt, um an der Staatlichen Sprachlichen Universität Irkutsk ein Studium der russischen Linguistik aufnehmen zu können. Moskau, Leningrad, Sotschi oder gar das Ausland wären ihr lieber gewesen, aber soweit reichten Papas Beziehungen nicht. Sie reichten auch nicht, um sich in Spanisch, Englisch, Französisch oder Außenwirtschaft immatrikulieren zu dürfen und so später mal die Chance auf Arbeit

*mit Ausländern aus dem nichtsozialistischen Wirt-
schaftsgebiet oder gar vor Ort zu haben.*

Ihr Partner Scholban bog links ab und ließ damit den Obelisken im Rücken. Sie überquerten die Lenin- und die Kotschetowstraße, passierten das alte Badehaus an der Ecke zur Straße der Freundschaft und folgten der Straße des Komsomol weiter an der Einmündung der Gasse des 8. März vorbei und über die Arbeiterstraße, die Richard-Sorge-Straße und zuletzt die Straße des Proletariats hinweg. An der nächsten Einmündung, in der die Kommunistische Gasse auf die Straße des Komsomol traf, hatten sie den Unfallort erreicht.

Im Nachhinein fragte sich Chertek manchmal, was sie eigentlich die ganzen Jahre in Irkutsk gemacht hatte und bedauerte ihre Nachlässigkeit. Sicher, mit den Kommilitoninnen in ihrem Zimmer hatte sie viel Spaß gehabt, und noch mehr Spaß hatten sie mit den Kommilitonen aus dem anderen Trakt. Es gab Konzerte und Theateraufführungen, wie sie zu Hause nie zu erwarten gewesen wären. Gelegentlich besuchte sie auch Vorlesungen, aber nur selten die Fakultätsbibliothek. Mit Müh und Not bestand sie alljährlich die erforderlichen Prüfungen, um das Studium fortzusetzen. Dass das vor allem an der Faulheit der Prüfer lag, die sich die Wiederholungsklausuren ersparen wollten, ahnte sie nicht.

An der Einmündung trafen sie auf den Schiguli. Fahrer und Unfallopfer saßen gemeinsam in dem Auto und schienen sich prächtig zu verstehen. Das Opfer, eine Technikerin aus der Möbelfabrik, war um seinen neuen Mantel mehr besorgt als um seine Gesundheit und gab an, schon keine Schmerzen mehr zu haben. Bei einer kurzen getrennten Vernehmung traten zwischen den Angaben der beiden Beteiligten keine Widersprüche auf. Der Fahrer machte keinen Hehl daraus, dass er auf der wegen des Tauwetters nassglatten Straße die Kontrolle über seinen Dienstwagen verloren und die Fußgängerin touchiert hatte. Dann fluchte er verhalten über die Krankheit seines Chauffeurs, die ihn trotz seiner Stellung als Abteilungsleiter in der Stadtverwaltung dazu zwang, sich selber ans Lenkrad zu setzen. Seine Schuld an dem Unfall erkannte er uneingeschränkt an. Das kam nicht oft vor, erleichterte ihre und Scholbans Arbeit aber ungemein. So war das Protokoll schnell erledigt.

Beim Examen machte Chertek eine neue Erfahrung, auf die sie gerne verzichtet hätte. Bisher hatte sie vieles mit eingeübtem Charme erreicht. Dass ihre Klausuren schwach ausfallen würden, war ihr klar. Gleich nach den Klausuren, noch vor den mündlichen Prüfungen, besuchte sie deshalb nacheinander die beiden Prüfer in deren Büros. Sie hatte vor den Besuchen Stunden vor dem Spiegel verbracht, sich besonders sorgfältig geschminkt und die beiden oberen Blusenknöpfe offen gelassen, was zusammen mit dem von ihrer Freundin geliehenen kurzen, engen Rock eine laszive Wirkung haben sollte. Leider sprangen die Prüfer nicht darauf an. Das konnte Chertek nicht verstehen, denn in ihrem Kosmos kamen weder akademisches Ethos noch Homosexualität vor. Nachdem sie krachend durchs Examen gerasselt war und ihre Eltern einige Wochen lang im Wesentlichen das Wort an sie gerichtet hatten, um ihr Vorwürfe zu machen, musste sie sich um eine andere Perspektive kümmern. Ohne Abschluss war das nicht leicht. Praktisch konnte sie zwischen Küchenhilfe in der Kantine des Sägewerks und Reinigungskraft im Nationalmuseum wählen. Beides war nicht ihr Traum, und so erwiesen sich Papas Beziehungen wieder als nützlich. Natürlich war Verkehrspolizistin in einer mittelgroßen Stadt ohne Bahnanschluss auch nicht die ersehnte Zukunft, aber allemal besser als Küchenhilfe.

Scholban und Chertek fuhren zur Wache, wo sie das Protokoll abheftete. Die Ablösung, Donduk und Ruslan, wartete schon auf sie, um Patrouille zu fahren, bis sie zu einem konkreten Einsatz gerufen würden. Selbstverständlich wurden bei der Übergabe des Wagens nicht alle technischen Funktionen geprüft, wie es eigentlich Vorschrift war. So geschah das nie. Und ebenso selbstverständlich führte die Route der Patrouille an Scholbans Wohnung und am Kindergarten von Cherteks Sohn vorbei. So sollte das bis zu dessen Einschulung stets geschehen. Chertek freute sich, dass sie trotz des Unfalleinsatzes noch pünktlich zur Weihnachtsfeier in Saltschaks Kindergarten kam, die selbstverständlich offiziell nicht so genannt wurde.

Warum ihr diese unbedeutende Episode gerade in den Sinn gekommen war, wusste Chertek selber nicht. Wie schön sich später alles gefügt hatte. Kurz nach der zu lange aufgeschobenen Scheidung von ihrem Kommilitonen, dem sie im ersten Studienjahr Saltschak verdankte sowie im zweiten eine angebrochene Rippe und mit dem sie nie zusammengelebt hatte, lernte sie diesen Offizier der Schwarzmeerflotte kennen. Sie drängte sehr auf eine schnelle Heirat. Die Bluse mit den offenen oberen Knöpfen kam beim Kennenlernen wieder ins Spiel, aber erfolg-

Die erste Unwahrheit in diesem Bericht steckt schon im ersten Satz. Cherteks Erinnerung war keineswegs ganz genau. Wie wird das deutlich?

Lösung: S. 109

Lösungen

Ausgangspunkt des Wettstreits ist offensichtlich der barocke Augarten, der neben dem ehemaligen Nordwestbahnhof in Wien liegt. Genau 300 Seemeilen in die genannte Richtung liegt die Warschauer Altstadt. Bronisław Waszczykowski ist Pole, erkennbar daran, dass er Warschau als seine Hauptstadt bezeichnet. In Polen wurde das metrische System schon benutzt, bevor die ersten Eisenbahnen fuhren. Für ihn als Seemann ist die Meile selbstverständlich die Seemeile mit 1.852 m Länge.

Dubhaltach Ó Dhulchaointigh hat als Landmaschinenhändler hingegen keinen erkennbaren Bezug zur Seefahrt. Er ist in Irland ansässig, das seine heimische Grüne Insel ist. Für ihn ist eine Meile immer die englische Meile von 5.280 Fuß bzw. 1.609,344 m Länge.

Waszczykowski hat also seinen Vorschlag darauf abgestimmt, dass man sich bequem in einer europäischen Metropole trifft, während Ó Dhulchaointigh auf seiner kürzeren Distanz in der Provinz stranden musste. Keiner von beiden trifft eigentlich Schuld an dem Missverständnis. Es fehlte an einer genauen Absprache.

Zwei Ehrenmänner

Petko spricht davon, dass die Genossenschaft am 9.04.1951 gegründet wurde. Dies sei genau der 35. Jahrestag der ersten Aussaat in Oprawdana Nadeschda, die demnach am 9.04.1916 stattgefunden hätte. Dabei betont Petko, das Datum wäre „Ziffer für Ziffer und Punkt für Punkt genauso“ geschrieben worden.

Das ist nicht möglich, denn das Datum gab es in Bulgarien nicht. Das orthodox geprägte Bulgarien ging erst 1916 vom julianischen zum gregorianischen Kalender über. Auf den 31.03.1916 folgte unmittelbar der 14.04.1916.

Die Genossenschaft

Die beschriebene Fußballpartie ist das Endspiel der Fußball WM 1958, das Schweden gegen Brasilien 2:5 verlor. In Schweden herrschte bis 1967 Linksverkehr. Nach dem Überholen hat Gunnar also nicht nach rechts auf die eigene Fahrbahn wieder einschwenken können, sondern nach links.

Autoradio

Otto v. Bismarck, der spätere sogenannte Eiserne Kanzler, wurde am 22. oder 23. September 1862 zum preußischen Ministerpräsidenten ernannt. Wenn 1912 das 50-jährige Jubiläum der Ernennung am nächsten Sonnabend nachgefeiert wurde, war das am 28. September. Günther und Dietrich hatten eine verbindliche Vereinbarung geschlossen, der eine Tilgung des nach dem heftigen Zechen, den Lokalrunden und der Abschlagszahlung noch geschuldeten Betrags in Höhe von 24,50 Mk bis zum 6. Oktober vorsah – das ist der letzte Tag der folgenden Woche.

Günther kannte sich offensichtlich im kaiserlichen Münzrecht aus und reagierte zudem geistesgegenwärtig. Ein Blick in § 9 des Münzgesetzes von 1909 zeigt, dass niemand Zahlungen in Silbergeld über höhere Beträge als 20 Mk annehmen musste. Alle genannten Stückelungen waren Silbermünzen. Günther war also berechtigt, diese Münzen abzulehnen, ohne dass die Folgen des Annahmeverzugs eintraten. Es war so, als hätte Dietrich nicht gezahlt. Hätte er eine goldene Münze zu 10 Mk und nur den Rest in Silbergeld hingelegt, dann hätte es den Prozess nicht gegeben oder er wäre zu seinen Gunsten ausgefallen.

Ein flexibler Wirt

Kersten von Brodersens unterbewusstes Alter Ego KvB1*# hat Rebone-Zyty gerügt. Sie hat gelogen, wie ihre Temperaturangabe für die Kühlung beweist. Der absolute Nullpunkt von 273,15 °C bzw. 459,67 °F bzw. 0 K ist selbst mit fortgeschrittener Technik nicht unterschreitbar. So ein banaler Fehler hätte einer Genuin Talentierten wirklich nicht unterlaufen dürfen.

Schulbank 4.0

1. In welchem Jahr fand der Besuch statt?

Er muss 1964 stattgefunden haben. Dabei ist zu bedenken, dass neben der führenden SED vier Blockparteien existierten. In der DDR gab es nur wenige zentrale Parteitage, die über einen Monatswechsel gingen. Da einige Wochen vor dem Parteitag Vita Cola zur Verfügung stand, die im Herbst 1958 auf den Markt kam, kommen nur zwei in Frage: Der der CDU im September/Oktober 1964 und der der NDPD im Januar/Februar 1990, aber bei bestem Willen fand Letzterer nicht einige Wochen nach sommerlichem Sonnenschein statt. Hier handelt es sich um den Parteitag der CDU vom 30.09.–3.10.1964. Dass es um die CDU geht, erklärt auch den scheinbaren Widerspruch, dass die Zeitung für den Bezirk Magdeburg (in dem Ströbeck lag) in Halle erscheint, obwohl Halle die Hauptstadt eines anderen Bezirks war. Die regionale Tageszeitung der CDU „Der Neue Weg" wurde in Halle produziert und bediente beide Bezirke.

2. Wie hätte die Schachfreundin den einzigen ernsthaft in Betracht kommenden letzten Zug notiert?

Sie hätte notiert ℭ n 𝔎𝔓3 (Lg3#). Die Notation endet unmittelbar vor dem Mattzug. Die ganze Partie ist in der beschreibenden Notation festgehalten, die in Deutschland ab dem späten 18. Jahrhundert durch die algebraische abgelöst wurde. Dabei ist in dieser überlieferten Partie der beschreibende Charakter noch stärker ausgeprägt, als es zuletzt in der angloamerikanischen Schachliteratur des 20. Jahrhunderts der Fall war. Die Notation war offensichtlich noch nicht standardisiert. In Kenntnis, dass die Eröffnung ein angenommenes Königsgambit war, lassen sich aber alle Bezeichnungen eindeutig herleiten.

1.	𝔅 n 𝔎4 — 𝔅 n 𝔎4	e4	e5
2.	𝔅 n 𝔎ℭ4 — 𝔅 schl 𝔎ℭ5	f4	exf4
3.	𝔓 n 𝔎ℭ3 — 𝔅 n 𝔎𝔓4	Sf3	g5
4.	ℭ n 𝔇ℭ4 — ℭ n 𝔎𝔓2	Lc4	Lg7
5.	𝔅 n 𝔇4 — 𝔅 n 𝔇3	d4	d6
6.	𝔓 n 𝔇ℭ3 — ℭ n 𝔎𝔓5	Sc3	Lg4
7.	Roℭ𝔎 — 𝔓 n 𝔎2	O–O	Se7
8.	ℭ schl 𝔎ℭ7 — 𝔎 n 𝔎ℭ1	Lxf7+	Kf8
9.	ℭ n 𝔇ℭ4 — 𝔓 n 𝔇2	Lc4	Sd7
10.	𝔓 schl 𝔎𝔓5 — ℭ schl 𝔇8	Sxg5	Lxd1
11.	𝔓 n 𝔎6 — 𝔎 n 𝔎ℭ2	Se6+	Kf7
12.	𝔓 schl 𝔇8 — 𝔎 n 𝔎𝔓3	Sxd8+	Kg6
13.	ℭ n 𝔎ℭ7 — 𝔎 n 𝔎𝔓4	Lf7+	Kg5
14.	ℭ schl 𝔎ℭ4 — 𝔎 n 𝔎𝔓5	Lxf4+	Kg4
15.	𝔅 n 𝔎ℜ3 — 𝔎 n 𝔎ℜ5	h3+	Kh4
16.	𝔎 n 𝔎ℜ2 — 𝔓 n 𝔎𝔓3	Kh2	Sg6
17.	𝔓 n 𝔎6 — ℭ n 𝔎ℭ3	Se6	Lf6
18.	𝔓 schl 𝔇1 — 𝔅 n 𝔇𝔓4	Sxd1	b5
19.	𝔅 n 𝔎𝔓3 — 𝔎 n 𝔎ℜ4	g3+	Kh5
20.	𝔅 n 𝔎𝔓4 — 𝔎 n 𝔎ℜ5	g4+	Kh4
21.	*ℭ n 𝔎𝔓3*	*Lg3#*	

Nebenbei: Diese Partie ist tatsächlich bis zum Matt gespielt worden. 1820 bezwang William Lewis mit Weiß einen nicht namentlich überlieferten Gegner.

3. Was lässt sie vermuten, dass nicht alle Bestandteile des Geschenks ihren Ursprung in Ströbeck hatten?

Ströbeck hat in der Tat eine viele Jahrhunderte zurückreichende Schachtradition. Zu dieser Tradition gehörte auch, dass bis ins vergangene Jahrhundert hinein nach altertümlichen Regeln gespielt wurde, die weder den Bauerndoppelschritt noch die Rochade kannten. Beide kommen jedoch in der Partie vor. Zum 20. Jahrhundert passt aber nicht die beschreibende Notation, die in Deutschland im 19. Jahrhundert durch die heute gebräuchliche algebraische Notation abgelöst wurde. Wenigstens diese Partie ist demnach wahrscheinlich andernorts gespielt und notiert worden.

Der Vulkan Paricutín ist erst 1943 entstanden. In Mexiko lernt das jedes Kind in der Schule. Egal wie ausgefeilt das Dokument gefälscht und sein Text an historische Begebenheiten angepasst ist, springt diese Ungereimtheit dem Mexikaner Salamanca sofort ins Auge.

Die Hinterlassenschaft des Unwürdigen

Es klingt so naheliegend, doch weder Stadt Elbingerode (Harz) noch Elbingerode am Harz sind nach einem Gewässer benannt. Die Elbe ist weit von beiden Siedlungen entfernt. Durch Elblag (früher Elbing) hingegen fließt der gleichnamige Fluss, der mit der Elbe selbstverständlich auch nichts zu tun hat.

Kommunalseparatismus

Der stellvertretende wissenschaftliche Leiter einer Einrichtung mit den Aufgaben des beschriebenen Instituts für Zoologische Hybridenforschung würde sicherlich wissen:

- Weder Hasen noch Kaninchen sind Nagetiere im zoologischen Sinn.

- Hasen und Kaninchen können sich untereinander nicht fortpflanzen. Daher gibt es keine Hasinchen und Kanasen.

Biologische Kriegsführung neu gedacht

Helga beobachtete, wie zwei Eiswürfel im Glas zu Boden sanken und dort friedlich ruhten. Übliches Wassereis ist leichter als flüssiges Wasser und schwimmt daher zumindest bei alkoholfreien Getränken an der Oberfläche. Dass es niedersinkt und auf dem Glasboden verbleibt, kann am ehesten dadurch plausibel erklärt werden, dass es sich um sogenanntes Schweres Wasser handelt, bei dem der Wasserstoff aus dem Isotop Deuterium besteht, das ein Neutron im Atomkern hat.

Das kommt in Schwerwasserreaktorenzur Anwendung, einem Reaktortyp von Kernkraftwerken. Unter der Auswahl von Berufen ist es am wahrscheinlichsten, dass sie als Ingenieurin in einem Kernkraftwerk arbeitet und das Schwere Wasser das Eigentum des Arbeitgebers ist, bei dem sich Helga bedient hat.

„Auf und nieder geht es ständig, das ist nun so der Lauf der Welt.“

Hans-Joachim Gernentz (Hg.): Reynke de Vos / nach d. Lübecker Ausg. von 1498 hrsg. u. ins Neuhochdt. übertr. von Hans Joachim Gernentz. Rostock: Hinstorff, 1987. S. 457.

Helgas Feierabend

Ein Blick auf Sarahs Notizen hilft da weiter. Wer würde schon auf Anhieb Panofsky richtig mit f und y schreiben, ohne den Namen vorher zu kennen? Und woher wusste sie ohne nachzufragen, dass der Reiner mit e statt a geschrieben wurde? Und sicher schreibt man ohne vorherige Kenntnis dessen Nachnamen Haussherr nicht mit doppel ss.

Mehr als der Glanz des Goldgrundes

Großer und Kleiner Jenissej fließen in Kysyl zusammen. Mindestens von 1943 bis 2020 ist im Dezember und Januar die Temperatur in Kysyl niemals über den Gefrierpunkt gestiegen. An einem Tag, an dem im Kindergarten eine Weihnachtsfeier stattfindet, kann es daher kein Tauwetter gegeben haben. Chertek irrt sich wenigstens entweder hinsichtlich des Tauwetters oder des Anlasses für die Feier im Kindergarten.

Verkehrsunfall

Fotos

Kopf: gemeinfrei

Fahrrad: gemeinfrei

Schach: Roland Scheicher, gemeinfrei

Mais: gemeinfrei

Vulkan: Jim Luhr, gemeinfrei

Münze: Tuxyso, CC BY-SA 3.0

Pelé: gemeinfrei

Lexikon (bearbeitet): Friedrich Haag, CC BY-SA 4.0

Morelos: gemeinfrei

Gulfstream (bearbeitet): Robert Underwood, CC BY-SA 2.0

CC BY-SA 2.0: creativecommons.org/licenses/by-sa/2.0/de/deed.de

CC BY-SA 3.0: creativecommons.org/licenses/by-sa/3.0/de/deed.de

CC BY-SA 4.0: creativecommons.org/licenses/by-sa/4.0/de/deed.de